MOSAIK WERKSTATT TIPS

ANTIQUITÄTEN AUS METALL

reparieren

Chris Browning

Mosaik Verlag

Für meine Eltern, die mich lehrten, daß zum Handwerk Hand
und Hirn gehören, zuvorderst aber Herz.

Die Originalausgabe erschien unter dem Titel *Care and Repair of Antique
Metalware* in der Reihe *Craftman's Guide* bei Ebury Press, London

Planung und Produktion: Swallow Productions Ltd., London N1
Redaktion der englischen Ausgabe: Maureen Maddren, Eric Smith,
Anne Yelland
Redaktionsassistenz: Catherine Tilley
Beratung: Nick Russel
Art Director: Elaine Partington
Art-Redaktion: David Allen
Designer: Nick Maddren, Su Martin
Illustratoren: Graham Bingham, John Woodcock
Fotos: Jon Bouchier
Studio: Del & Co
Bildrecherche: Liz Eddison
Alle Informationen und Ratschläge in diesem Buch werden mit bestem
Wissen und Gewissen gegeben, aber weder Autor noch Verlag können
die Verantwortung für eventuelle Fehler oder Auslassungen übernehmen.

Aus dem Englischen übersetzt von Dr. Helga Zoglmann
Redaktion der deutschen Ausgabe:
Dr. Dieter Struss, Grafing bei München

Der Mosaik Verlag ist ein Unternehmen der Verlagsgruppe Bertelsmann.

© 1987 Swallow Publishing Ltd.
Alle Rechte der deutschen Ausgabe:
© 1989 Mosaik Verlag, München / 54321
Satz: Filmsatz Schröter GmbH, München
ISBN 3-570-04634-6
Printed in Hongkong

Inhalt

Einleitung

Ein Handwerk mit Tradition

Das Handwerk der Metallbearbeitung ist fast so alt wie die Menschheit. Für den Laien hat die Metallbearbeitung noch immer etwas von der Schwarzen Kunst, die man einst dem Alchimisten oder dem Magier zuschrieb. Das Bearbeiten des Metalls, vor allem für Waffen und Schmuck, wird in manchen Kulturen noch immer nur wenigen Auserwählten weitergegeben. Das hat nichts mit der für die Bearbeitung nötigen Muskelkraft zu tun, sondern mit der Macht, die der Betreffende damit über die Gemeinschaft hat.

Für die meisten Menschen ist Metall sogar noch heute ein relativ unerforschter Stoff. Der Durchschnittshaushalt verfügt zwar meist über die wichtigsten Werkzeuge für Holzarbeiten – selbst wenn es nur Hammer und Säge sind –, doch Geräte für Metallbearbeitung fehlen oft.

Obwohl die meisten Haushalte über viele Metallgegenstände verfügen, werden diese, wenn sie reparaturbedürftig sind, eher weggeworfen als repariert. Nur antike Stücke oder Dekorationsgegenstände, wie sie für dieses Buch ausgewählt wurden, werden gepflegt. Es gibt keinen Grund, warum nicht auch der Amateur mehr mit Metall arbeiten sollte, vorausgesetzt, er geht die Sache fachgerecht an.

Die meisten Menschen behandeln und betrachten Metall als ein völlig fremdartiges Material. Aber, fachgerecht behandelt, ist Metall vielseitig verwendbar. Nicht vergessen darf man allerdings, daß alles, was man mit Metall tut, mehr oder weniger für immer getan ist. Man muß sich daher sehr genau und methodisch mit dem Metall bzw. dem Gegenstand auseinandersetzen, bevor man an die Arbeit geht. Dieses Buch soll Sie führen und ermutigen, Ihr eigenes Können und Ihre Fertigkeiten an diesem Material auszuprobieren.

Die hier gezeigten Beispiele sind nicht dafür gedacht, Sie Schritt für Schritt in die Techniken einzuführen. Eine bestimmte Technik für ein Beispiel kann bei Ihrem nächsten Versuch zehnmal schwieriger sein. Die Beispiele sollen vielmehr aufzeigen, was mit relativ einfacher Ausrüstung bei sorgfältiger Arbeit erreicht werden kann. Wir hoffen, daß dieses Buch Sie in die Lage versetzt, vertrauensvoll an die Restaurierung Ihrer alten Stücke zu gehen.

Für viele Reparaturen von Gebrauchsgegenständen aus Metall genügen einfache Werkzeuge: hier wird ein Teekessel während des Glättens in einem Schraubstock festgehalten (oben); ein Gasbrenner erhitzt die obere Kappe der Laterne, bis das Lötmittel flüssig geworden ist und die Lötplättchen entfernt werden können.

Was ist machbar?

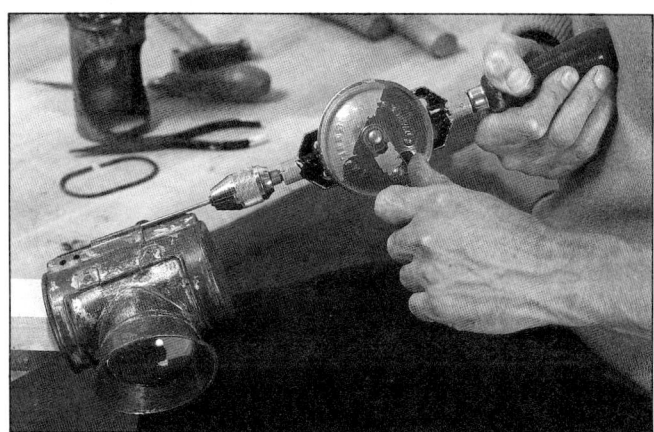

Zum Ausräumen eines blockierten Lochs in dieser Polizeilampe verwendet man hochwertigen Stahldraht.

Wenn Sie sich entschlossen haben, einen Gegenstand zu reparieren, dann sollten Sie sich im klaren sein, warum und wie Sie die Arbeit angehen. Das Restaurieren eines Gegenstandes wird davon abhängen, was der Eigentümer damit bezweckt.

Reparieren Sie das Stück, so gut Sie können, auch wenn Sie dadurch den Wiederverkaufswert praktisch zunichte machen? Verwenden Sie moderne Materialien, weil diese genau das Richtige für Ihre Arbeit sind? Wenn Sie Teile ersetzen, vergewissern Sie sich auch, daß sie dazupassen oder die Reparaturstelle sofort erkennbar ist?

Man muß nicht nur geschickt sein, sondern man muß auch vorhersehen können, welchen Effekt die Arbeit auf das reparierte Stück haben wird. Traditionelle Werkzeuge und Arbeitsmethoden tragen zum Verständnis für den Sinn eines Werkstücks bei.

Alle Stücke wurden aus einem bestimmten Grund hergestellt. Sie sollten daher der Geschichte eines Stücks nachgehen, bevor Sie sich an die Arbeit machen. Versuchen Sie herauszufinden, wie ein Stück gemacht wurde und in welcher Reihenfolge. Häufig muß man für eine Reparatur den Großteil des Gegenstandes auseinandernehmen. Ein Einblick in die ursprüngliche Fertigung kann Stunden der Frustration, ja sogar die mögliche Zerstörung ersparen. Lernen Sie zuerst, das Material und die Herstellungsmethoden zu erkennen. Denken Sie daran, daß die meisten Gegenstände aus einem ganz bestimmten Metall gemacht wurden, weil dieses Metall gerade für diesen Verwendungszweck am besten geeignet ist. Fragen Sie sich, warum dieser Gegenstand gerade aus diesem Material erzeugt wurde und weshalb gerade in dieser Form.

Theoretisch kann jedes Stück repariert werden. Oft kann ein Hobbyrestaurator weit mehr Zeit für eine Reparatur aufwenden als ein Fachmann, und zwar aus wirtschaftlichen Überlegungen. Lassen Sie sich nicht durch mangelnde Erfahrung abhalten, sondern verlassen Sie sich auf Ihre Geschicklichkeit, Ihr Gespür und Ihre Sorgfalt. Wie in Ihren Schultagen müssen Sie die wichtigsten Punkte beherzigen:

Bestimmen Sie die Art des Metalls, die notwendigen Arbeitstechniken, die Zeit, aus der das Stück stammt.

Sammeln Sie die erhaltenen Informationen so, daß Sie jederzeit darauf zurückgreifen können.

Wählen Sie entsprechend diesen Informationen Ihre Arbeitsweise.

Entfernen Sie alle beschädigten Teile des Werkstücks wie auch alles, was Sie für eine erfolgversprechende Reparatur nicht benötigen. Entscheiden Sie erst nach gründlicher Untersuchung, ob Sie reparieren oder neu gestalten.

Bauen Sie den Gegenstand genauso zusammen, wie er vorher ausgesehen hat – besonders wenn es sich um ein mechanisches Gerät handelt. Sehen Sie immer wieder in Ihren Aufzeichnungen nach.

Versuchen Sie beim Ausarbeiten dem Stück gemäße Materialien zu verwenden. Wenn möglich erhalten Sie die Originalpatina.

Ihr Lohn wird entweder finanzieller Natur sein oder auch nur ein »Gut gemacht«.

Viele im Haushalt verwendete Kupfergegenstände können ihr ursprüngliches strahlendes Aussehen zurückerlangen – man braucht nur Sorgfalt, Geduld und viel Liebe zum Detail.

Materialien

Schmirgelleinen ist ein natürliches Schleifmittel, blau oder schwarz, auf Leinen aufgezogen, zum Reinigen und Polieren in verschiedenen Stärken. Bei Silber nicht verwendbar, da es feine Rillen in die Oberfläche gräbt.

Stahlwolle kann mit wenig Öl verwendet werden, um eine korrodierte Oberfläche zu reinigen oder ihr einen matten Glanz zu verleihen.

Polierpapier ist zum Feinpolieren mit der Hand geeignet; auch hier gibt es verschiedene Stärken; Alternative zum sogenannten Schottischen Stein zum Entfernen von feinen Kratzern und für Hochpolitur.

Holzspiritus wird zum Reinigen von Oberflächen vor dem Löten verwendet. Er wird auch mit Argo-Tec-Pulver zur Vermeidung von Feuerflecken gemischt.

Paraffin (Kerosin) ist ein Allzweck-Reinigungsmittel, zusammen mit Stahlwolle für stark korrodierte Oberflächen.

Bienenwachs wird in Blockform als Schmiermittel für scharfe Sägeblätter verwendet. Mit Terpentin gemischt, schützt es frisch gereinigte Eisenoberflächen vor Rost.

Poliergarn findet beim Handpolieren Verwendung und ist mit Polierschiefer oder Polierrot versetzt. Polierschiefer wird beim Nachschleifen per Hand oder Maschine zur Entfernung von Kratzern auf Oberflächen verwendet, bevor Polierrot aufgetragen wird, das es in Pulver- und in Blockform gibt.

Bimsstein wird mit Wasser oder Öl vermischt; dieser Brei dient zur Reinigung von Metall vor dem Polieren oder nach Hitzebehandlung.

Der sogenannte **Schottische Stein** ist ein sehr feines, schieferiges Material zum Entfernen geringfügiger Kratzer. Er sollte immer mit sehr viel Wasser und großer Sorgfalt angewendet werden, da er leicht Löcher verursacht.

Zu den **Flußmitteln** bei der Schnell-Lötung zählt Zinkchlorid, ein aktives (ätzendes) Flußmittel; jegliche Rückstände müssen nach der Verwendung beseitigt werden. Nicht für elektrische Geräte verwenden! Auch Salmiak in Paraffinöl gehört zu den aktiven Flußmitteln. Auch hier müssen alle Rückstände entfernt werden. Talg und Harz sind »sichere« Flußmittel für die Schnell-Lötung, hinterlassen aber ölige Rückstände. Aktive Flußmittel sind meist wirksamer, da ihre leicht saure Wirkung das Metall reinigen hilft. Wichtig ist, jegliche Rückstände eines aktiven Flußmittels nach dem Löten zu entfernen, da es sehr stark ätzt.

Zum Hartlöten kann man für die meisten Silberlötungen Borax als Flußmittel verwenden, aber es gibt spezielle Flußmittel, die manchmal besser geeignet sind, da sie bei bestimmten Lötstufen eingesetzt werden; ein Anti-Oxydationsmittel in Pulverform wird verwendet, um Feuerflecken beim Hartlöten von Silber zu vermeiden. Mit Holzspiritus vermischt, bildet es eine cremige Paste.

1 *Auswahl an Schmirgelpapieren;* 2 *Polierrot;* 3 *Poliergarn;*
4 *Boraxkegel;* 5 *Bienenwachs;* 6 *Schottischer Stein;* 7 *Stahlwolle;*
8 *Spiritus;* 9 *Paraffin;* 10 *Lötmaterial.*

Werkzeuge

Spezialwerkzeuge für Metallarbeiten sind meist sehr teuer, aber wenn sie gepflegt werden, halten sie Jahrzehnte und werden sich als ausgezeichnete Investition erweisen. Ein schlechter Handwerker macht immer sein Werkzeug verantwortlich, aber nichts erleichtert eine Arbeit mehr als das richtige Werkzeug in gutem Zustand. Viele Reparaturen können mit einer Grundausstattung an Werkzeugen ausgeführt werden, und man kann ein einfaches Werkzeug so modifizieren, daß es für ganz spezielle Arbeiten eingesetzt werden kann.

Eine reichhaltige Werkzeugausstattung aufzubauen, kann buchstäblich ein ganzes Leben dauern, aber Sie brauchen kein Vermögen für die Ausrüstung auszugeben, um gute Resultate zu erzielen. Mit der folgenden Grundausstattung können Sie viele der einfacheren Reparaturen ausführen; bei Bedarf können Sie einzelne Spezialwerkzeuge dazukaufen.

Werkzeug-Grundausstattung

Ein kleiner Schraubstock eignet sich ideal dazu, ein Werkstück während der Reparatur festzuhalten. Schraubstöcke gibt es in allen Preisklassen, entweder auf der Werkbank fixiert oder abmontierbar. Das Modell mit einer Drehvorrichtung ist eine große Hilfe, um schlecht zugängliche Ecken zu erreichen. Vergewissern Sie sich, daß Ihr Modell weiche Backen hat und Ihr Werkstück nicht beschädigt.

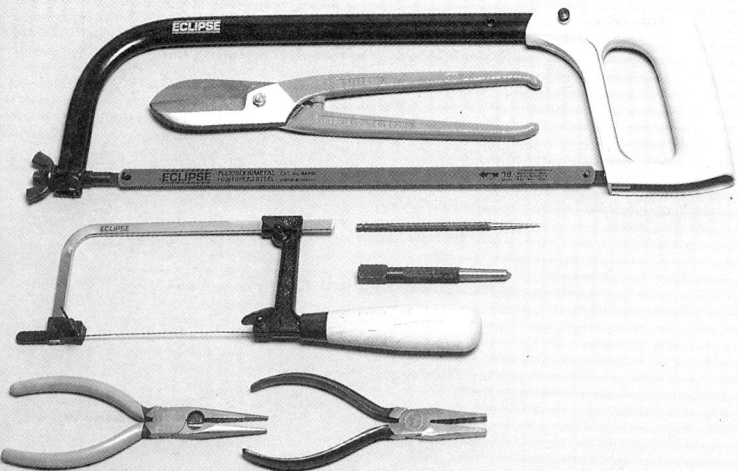

1 *Bügelsäge;* 2 *Zinnschere;* 3 *Stichsäge;* 4 *Markierstift;* 5 *Locheisen;* 6 *Zangen;*

Ein Gasbrenner ist für Lötarbeiten, bei zusammengedrückten Teilen und beim Härten (s. S. 22) unerläßlich. Wenn man mehr als nur eine gelegentliche Reparatur durchführen will, ist der Kauf eines Brenners mit einem separaten Gastank eine ausgezeichnete Investition. Nehmen Sie immer einen Brenner oder eine andere Brennvorrichtung mit einer größeren Kapazität, als Sie anfangs zu benötigen glauben. Überkapazität verhilft zu rascherer und wirkungsvollerer Arbeit. Denken Sie daran, daß Sie die Hitze jederzeit reduzieren, nicht aber erhöhen können, wenn das Gerät zu klein dimensioniert ist. Größere Brenner haben außerdem den Vorteil, daß man verschiedene Größen an Brennerdüsen aufsetzen kann, so daß Größe und Form der Flamme nach Bedarf verändert werden können.

Folgende **Werkzeuge** sind empfehlenswert: eine Bügelsäge (groß oder klein); Zangen in verschiedenen Größen; Zinnscheren, Schraubenzieher, ein Holzhammer, ein Kugelhammer, Markiergeräte (Anreiß- oder Markiernadel, Locheisen, Winkeleisen und Spitzzirkel), ein Sortiment Feilen, ein elektrisches Löteisen, eine (Edelstein-)Zuschneidesäge – das wahrscheinlich wichtigste aller metallschneidenden Werkzeuge. Bestehen Sie auf guter Qualität; die zweckentsprechendsten Arten haben einen verstellbaren Rahmen.

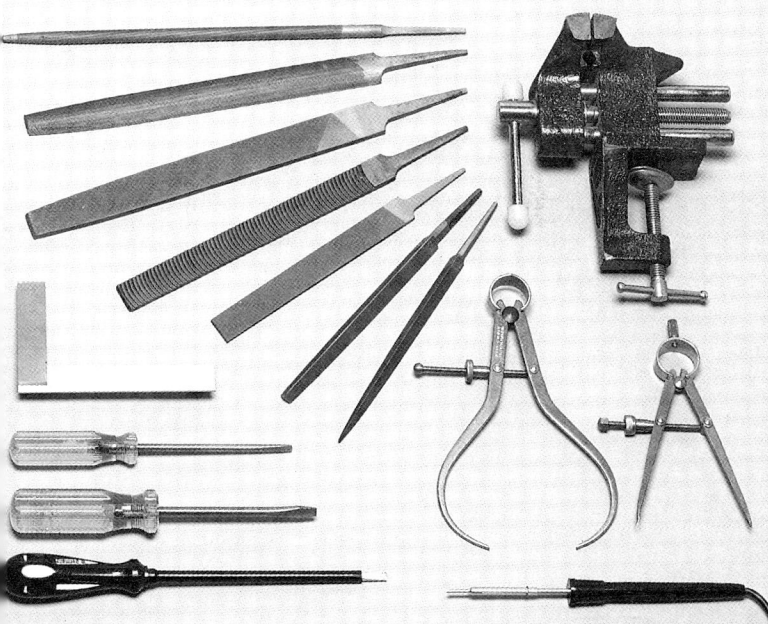

7 *Feilen;* **8** *Winkeleisen;* **9** *Schraubenzieher;*
10 *Schraubstock;* **11** *Spitzzirkel;* **12** *Lötkolben.*

Spezialwerkzeuge

Ein **Schlichthammer** ist eine gute Investition, obwohl man auch einen gewöhnlichen Tischlerhammer verwenden kann. Schlichthämmer gibt es in verschiedenen Gewichtsklassen, aber ein für alle Zwecke geeigneter wiegt zwischen 140 g und 280 g. Diese Schlichthämmer müssen stets hochpoliert und geschützt sein, wenn sie nicht verwendet werden.

Zwingen sind aus Metall oder Holz und haben für gewöhnlich ein einfaches Verschlußsystem mit einer metallenen Gleitbacke oder Flügelschraube. Sie werden zum Festhalten kleiner Werkstücke während des Feilens oder Polierens und in Verbindung mit dem Bankhaken verwendet.

Der **Bankhaken** ist V-förmig aus Hartholz, um unregelmäßige Gegenstände festzuhalten, wenn mit Säge oder Feile gearbeitet wird.

Der **Feilkolben** eignet sich ideal für Arbeiten an Draht oder schlankschenkeligen Werkstücken.

Schaber verwendet man zum Entfernen von Graten auf Metallkanten vor dem Löten oder zum Abnehmen der obersten Schicht auf einem Werkstück. Der brauchbarste Schaber ist das dreikantige hohle Standardmodell. Es soll immer gut geschliffen sein.

Die **Polierfeile** wird zum Glätten und Verfestigen der Metalloberfläche bis zum Hochglanz verwendet; aus gehärtetem Flußstahl.

Holzhammer: Verwendung finden vier Standardmodelle – rund aus Buchsbaumholz, Lederhammer, Buckelhammer und mit weicher Oberfläche.

Ein **Kerbwerkzeug** ist aus gehärtetem Flußstahl (s. S. 22). Man schneidet damit Ritzen oder Kerben in speziellem Winkel in Bandmaterial. Das Metallband kann danach ausgefaltet und auf seinen Platz gelötet werden.

Nadelfeilen werden für komplizierte Feinarbeit, zur minimalen Entfernung des bearbeiteten Materials verwendet. Diese mit einem Griff versehenen Feilen gibt es in verschiedenen Größen. Es ist empfehlenswert, sie nicht im gemischten Satz, sondern einzeln zu kaufen. Die gebräuchlichsten Modelle sind Flachstumpffeile, Schlüssel-, Dreikant-, halbrunde und Rundfeile; es gibt aber noch acht weitere Formen. Die Schliffe gehen von 00 (gröbst) bis 8 (feinst).

Die sogenannten **Schweizer Feilen** unterscheiden sich geringfügig von den üblichen Feilen; sie sind aus Chromstahl und daher sehr dauerhaft und hart. Auch sie kommen in den verschiedensten Formen vor, nur haben sie eine stärkere Verjüngung. Die hauptsächlich für Präzisionsarbeiten verwendeten Feilen sind mit großer Sorgfalt zu behandeln.

Lochfeilen sind in verschiedenen Formen erhältlich. Sie werden dort eingesetzt, wo man mit anderen Feilen nicht hinkommt. Sie haben an beiden Enden die gleiche Form.

Die Pflege der Feilen ist sehr wichtig. Feilen, die bei Nichteisenmetallen Verwendung finden, sollte man bei Stahl nicht einsetzen. Für Weichlegierungen (z. B. auf Aluminium- oder Bleibasis) verwenden Sie besondere Feilen. Kleine Bleiteilchen, die durch Feilen auf Silberwerkstücke übertragen werden, können großen Schaden anrichten. Gute Feilen sollen einzeln, voneinander getrennt, aufbewahrt werden. Verwenden Sie bei Feilen kein Öl, da es das Material verunreinigt. Zum Reinigen der Feilen nehmen Sie ein Stück Kupfer, das quer über die Oberfläche gezogen wird, um den winzigen Abfall zu entfernen.

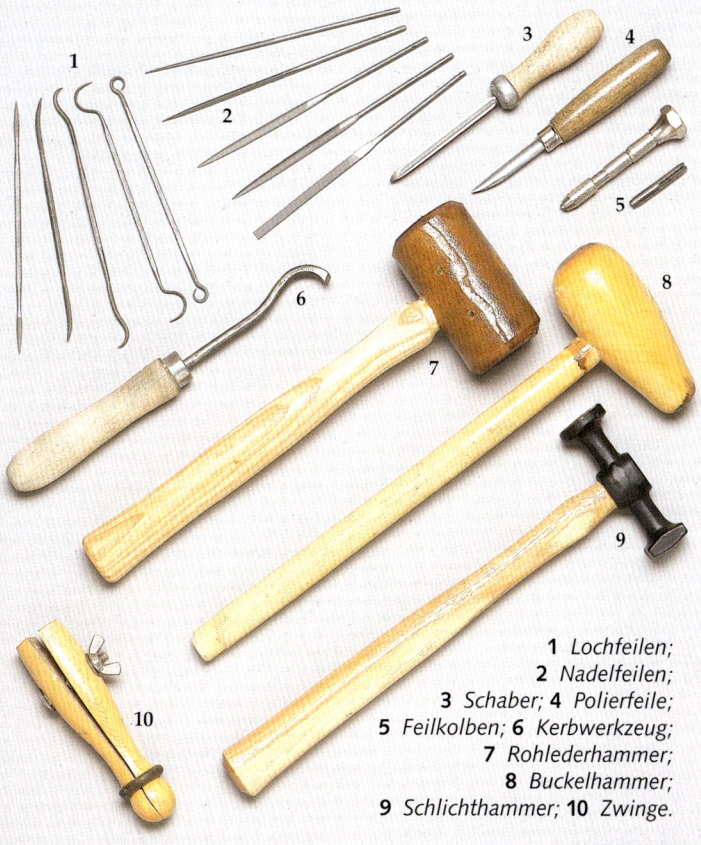

1 *Lochfeilen;*
2 *Nadelfeilen;*
3 *Schaber;* 4 *Polierfeile;*
5 *Feilkolben;* 6 *Kerbwerkzeug;*
7 *Rohlederhammer;*
8 *Buckelhammer;*
9 *Schlichthammer;* 10 *Zwinge.*

Der Arbeitsplatz

Jeder, der an Handwerksarbeit interessiert ist, hätte gerne eine richtige Werkstatt. Dies ist leider nur wenigen Glücklichen möglich. Aber es geht auch mit begrenzten Mitteln und auf begrenztem Raum. Man braucht keine tollen Räumlichkeiten, wohl aber müssen Sie Ihre Arbeit mit einem Minimum an Aufwand durchführen können. Jede Tätigkeit, als Hobby oder als Beruf, wird sehr schnell zu einer Belastung, wenn eine Menge Vorbereitungen getroffen werden müssen, bevor man anfangen kann.

Ihr Arbeitsplatz muß nicht ständig, sollte aber leicht verfügbar sein. Versuchen Sie, Ihre Arbeitsfläche gut zu planen, so klein sie auch sein mag. Sie werden wahrscheinlich daraufkommen, daß Sie einen Platz für saubere und einen für die schmutzige Arbeit brauchen. Teilen Sie Ihre Tätigkeit in Arbeitsgänge ein, wie Reinigen, Bearbeiten und Ausfertigen; überlegen Sie unter diesen Gesichtspunkten die Abfolge der Arbeiten. Zum Beispiel: Wird Wasser gebraucht? Wird Öl gebraucht? Muß man mit Lärm/Vibrationen, Schmutz, Geruch usw. rechnen? Ist der Schraubstock groß genug zum Feilen? Ist die Arbeitsfläche zum Hämmern geeignet? Wird das extremen Lärm erzeugen? Handpolieren wird kaum ein Problem bereiten. Gibt es einen ausreichenden Stromanschluß für maschinelles Polieren? Wird es viel Staub geben?

Sie werden bald wissen, welche Art von Arbeitsplatz man braucht. Wenn keine richtige Werkbank vorhanden ist, kann eine Tischauflage benützt werden, die man über die Tischkante schiebt und die jederzeit entfernt werden kann. Für Lötarbeiten können hitzebeständige Oberflächen auf die Auflage aufgeschraubt werden, und zusätzlich kann man bei Bedarf auch Abstellflächen für Blechdosen befestigen.

Wie beschränkt Ihre Arbeitsfläche auch sein mag, sparen Sie nicht mit Licht, Wärme und Lüftung, unerläßlich für einen bleibenden Erfolg Ihrer Arbeit. Und achten Sie auf eine bequeme Sitzgelegenheit, die Ihren Rücken nicht belastet; das wird die Arbeit erleichtern und mehr Freude bringen. Beim Sägen nehmen Sie einen niedrigen Hocker, so daß die Säge in Schulterhöhe ist. Sehen Sie sich alle Zeichnungen in diesem Bändchen genau an, zum Beispiel die nebenstehende, der Sie viele Anregungen für Ihre Werkbank entnehmen können.

Eine einfache Arbeitsfläche, die auf eine Tischplatte aufgelegt werden kann. Wenn die Tischauflage nicht benötigt wird, kann sie verstaut werden.

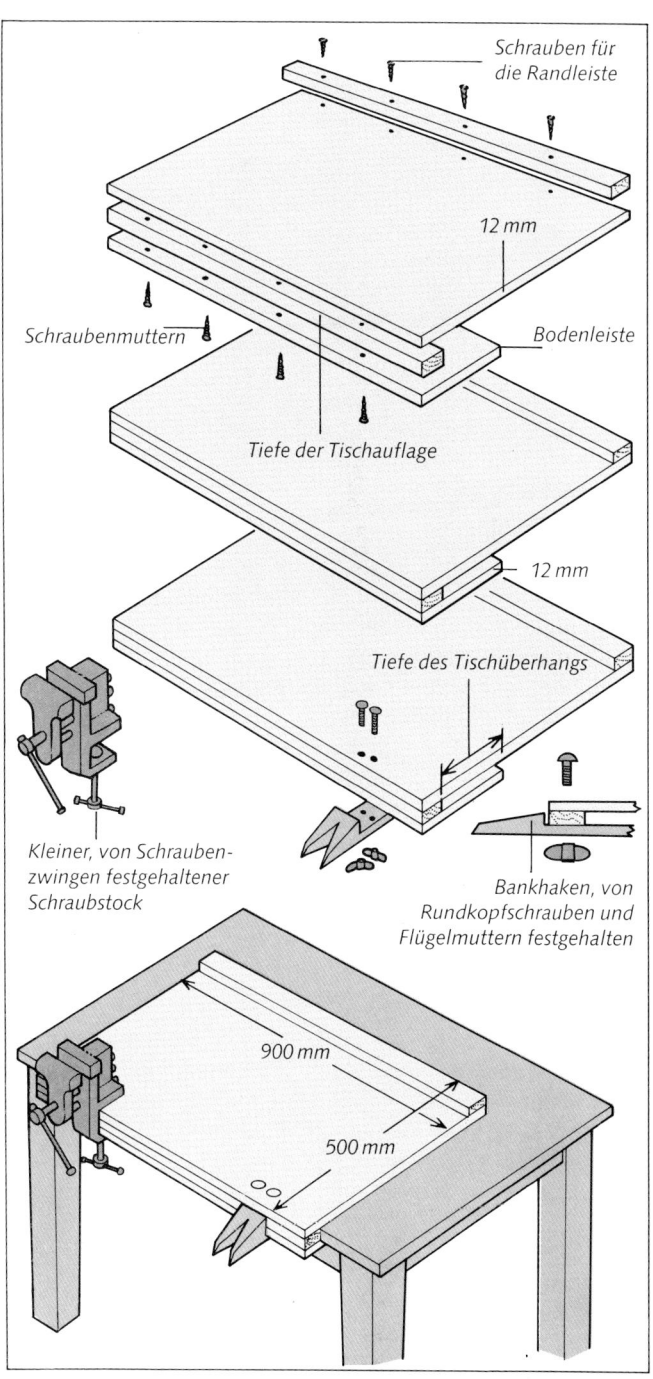

Schrauben für
die Randleiste

12 mm

Schraubenmuttern

Bodenleiste

Tiefe der Tischauflage

12 mm

Tiefe des Tischüberhangs

Kleiner, von Schrauben-
zwingen festgehaltener
Schraubstock

Bankhaken, von
Rundkopfschrauben und
Flügelmuttern festgehalten

900 mm

500 mm

Die gebräuchlichsten Metalle

Beim Reparieren eines Metallgegenstandes kann der erfolgreiche Abschluß der Arbeit von Ihrer Fähigkeit abhängen, die verwendeten Materialien zu erkennen. In den meisten Fällen wird das ganz klar sein, aber ein zweiter Blick lohnt immer. Wenn Sie Schwierigkeiten haben, gibt Ihnen meistens das ursprüngliche Fertigungsverfahren den entscheidenden Hinweis.

Verschiedene Metalle dienen verschiedenen Zwecken, und zwar weil das eine Metall für eine spezielle Verwendung besser geeignet ist als ein anderes. Auch Kosten können ein wichtiger Faktor gewesen sein. Versuchen Sie daher immer, ein Material nach seinem Aussehen, seinem Zweck und der Qualität des Stücks zu beurteilen. Wenn Sie sich nicht klar darüber sind, was für ein Metall Sie vor sich haben, fragen Sie einen Fachmann um Rat. Mit etwas Sorgfalt können Irrtümer vermieden werden. Die gebräuchlichsten Metalle sind im folgenden angeführt.

Eisen und Eisenlegierungen

Gußeisen ist in massiven Stücken gebräuchlich; es ist druckbeständig, aber nicht schlagfest. Nimmt beim Gießen kleinste Details an, ist aber schwer zu reparieren. Beim Bearbeiten treten nichtsprühende dunkelrote Funken auf.

Flußeisen ist in allen Formen von Draht bis Blech erhältlich. Rostet, wenn ungeschützt. Beim Schneiden ergeben sich keine sauberen Kanten. Leicht silbergrau, wenn sauber; läßt sich auf Hochglanz polieren. Kommt in vielen Zusammensetzungen vor. Hellgelbe Funken; beim Schleifen sprühend.

Werkzeugstahl. Hoher Kohlenstoffgehalt. Erhält beim Härten ein gesprenkeltes Aussehen. Auf Hochglanz polierbar. Für Werkzeuge, Schnittkanten und Führungen. Beim Schleifen Sprühregen von sterngleichen Funken.

Schmiedeeisen für qualitativ hochwertige Werkstücke mit Verzierungen, wie etwa Gitter. Läßt sich rotglühend leicht schmieden. Erhält beim Ätzen eine charakteristische Oberfläche.

Andere Metalle

Aluminiumlegierungen haben geringe Dichte. Farbe schmutzigweiß bis silber. Schwer zu löten. Die meisten härten aus, wenn sorgfältig erhitzt. Weich, läßt es sich gut schneiden. Korrosionsbeständig, aber mit bestimmten Säuren leicht zu ätzen.

Messing ist eine Legierung aus Kupfer und Zink. Viele Arten, aber nicht alle sind gelb. Fester als Kupfer nach dem Erhitzen, aber leicht zu bearbeiten; nimmt Hochglanz an.

Bronze ist eine Legierung aus Kupfer und Zinn. Es ist härter als Kupfer und läßt sich im Unterschied zu Kupfer gut gießen. Widersteht gut Abnützung und Korrosion. Es gibt viele Arten für den jeweiligen Zweck; die in der Kunstgießerei verwendete Art zeigt oft eine braune Patina. Es war bereits in der Frühgeschichte den Menschen bekannt, eine ganze Periode heißt daher » Bronzezeit«.

Kupfer hat eine rotgoldene Farbe. Kommt in den verschiedensten Formen vor: Drähte, Bleche, Blechfolien, satiniert usw. Gut lötbar, wird in der Hitze weich; kann geschnitten und maschinell bearbeitet werden. Formbar und leitfähig.

Goldbronze besteht aus Messing mit einem sehr hohen Kupfergehalt von 80–95%. Goldfarben; wird für Dekorationsobjekte und Schmuckimitation verwendet. Silberschmiede benützen Goldbronze für Prototypen. Werkeigenschaften sehr ähnlich wie Silber. Wird unter Hitze weich, bleibt aber steifer als Kupfer.

Blei ist schwer, weich, blaugrau und hat einen niedrigen Schmelzpunkt. Kann nicht gehärtet werden, Oberfläche oxydiert schnell. Früher fand es als Grundstoff für »altes« Zinn Verwendung, auch für Gartenplastiken. Mit Zinn vermischt, bildet es Schnell-Löter.

Neuzinn enthält kein Blei im Gegensatz zu altem Zinn. Mattsilbrig, läßt sich löten. Weich, leicht zu schneiden.

Neusilber (Alpaka) ist eine Legierung aus Kupfer, Zink und Nickel. Viel zäher und elastischer als Goldbronze. Gewinnt Festigkeit nach dem Erhitzen zurück; blaßgrünlich silbrig. Findet für Scharnierstifte, Scharniere und Bestecke Verwendung.

Hartzinn besteht aus 94% Zinn, 4–5% Antimon und 1–2% Kupfer.

Silber ist weiß bis silbrig, läßt sich mechanisch auf jede Art bearbeiten; gut zu löten, formbar und leitfähig. Findet für Schmuck, bei Elektroarbeiten und für dekorative Metallarbeiten Verwendung. Versilberte Bestecke oder Oberflächen sind korrosionsanfällig.

Zinn ist weich, mit einer glänzenden weißen Oberfläche, die aufgrund ihrer sehr hohen Korrosionsbeständigkeit glänzend bleibt; sehr niedriger Schmelzpunkt.

Zink ist blaugrau, weich, dient als Schutzschicht auf Stählen. Zinklegierungen werden für viele Gußarten verwendet und können leicht mit anderen Metallen verwechselt werden. Ein mechanischer Test erleichtert die Identifikation.

Techniken

Schnell-Löten (auch Weichlöten)

Diese Methode wird auf Seite 44 erläutert.

Hartlöten

Hartlote sind seit vielen Jahren in Gebrauch. Sie werden für unterschiedlichste Gegenstände, für Schmuck wie für die technische Industrie, verwendet. Es gibt sehr viele Arten, die meisten basieren auf Silber oder Gold. Beim Löten von wertvollen Materialien muß man darauf achten, nur solche Lote zu verwenden, die keinen Schaden am Werkstück anrichten.

Um Schaden zu vermeiden, nimmt man am besten Silberlot. Es gibt jedoch auch billigere Legierungen, wenn man mit Metallen wie Kupfer, Goldbronze und Messing arbeitet.

Hartlote sind legiert, damit sich die Lötstelle nicht durch eine »Farblinie« verrät. So ist z. B. das auf Goldbronze verwendete Lot viel gelber als das entsprechende Lot für Silber. Es ist wichtig, daß Lote für unedle Metalle nicht mit denen für Edelmetalle durcheinandergebracht werden.

Obwohl alle unter dem Oberbegriff »Hartlote« einzuordnen sind, gibt es fünf Grundstufen nach ihrem Schmelzpunkt:

extra leicht	680–700 °C
leicht	705–723 °C
mittel	720–765 °C
hart	745–778 °C
emaillieren	730–800 °C

Sie werden bemerkt haben, daß fast alle Schmelzpunkte einander überlappen. Jeder Hersteller hat seine eigene Form für diese Lote, sie werden z. B. als Runddraht oder als Flachstreifen angeboten. Lernen Sie die verschiedenen Querschnitte und Stärkegrade der Hartlote kennen.

Hartlote sind zur Spaltlötung nicht sehr gut geeignet. Die zu verbindenden Lötstellen müssen ganz genau aufeinanderpassen. Das kann bedeuten, daß Kanten zu feilen oder alte Lötstellen zu entfernen sind.

Achten Sie darauf, daß die Oberflächen absolut rein sind, weil das Lot nicht über verschmutzte Flächen fließt. Einzelteile können gepickelt (durch Eintauchen in eine dünnflüssige Säurelösung gereinigt) und dann gewaschen werden, um die Oxydschicht zu entfernen, oder sie können auch mit Bimsstein abgerieben werden.

Sobald die Teile genau zusammenpassen und fettfrei sind, muß man die Teile an ihrem Platz fixieren. Wie das vor sich zu gehen hat, wird von dem in Arbeit befindlichen Gegenstand abhängen. Entweder bindet man die Teile mit Eisendraht zusammen, oder man hängt ein kleines Gewicht an. Auch Splinte eignen sich. Erhitzt und gehärtet, sind sie ideal zum Halten von zu lötenden Stücken: Da die Splinte erhitzt wurden, wirkt die Oxydschicht als Löthemmer, und die Splinte werden nicht mitgelötet. Außerdem sind sie gleichsam »tot«, d. h. daß jedes weitere Erhitzen – wie es beim Löten geschieht – keine Wirkung auf die Splinte hat. Werkstücke können auch durch »Heften« an ihrem Platz befestigt werden – mittels eines Stichels.

Sicherungsmethoden während des Lötens

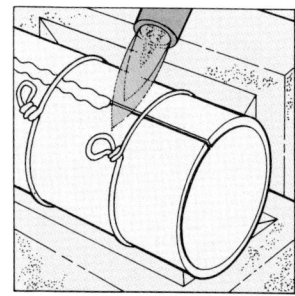

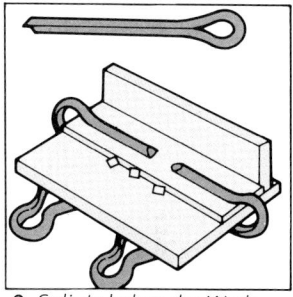

1 *Weicher Eisendraht hält die Fugen zusammen.*

2 *Splinte heben das Werkstück von der Unterlage ab.*

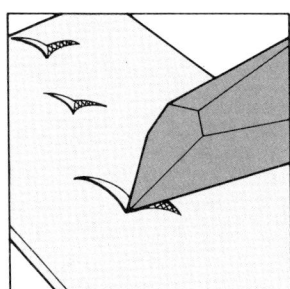

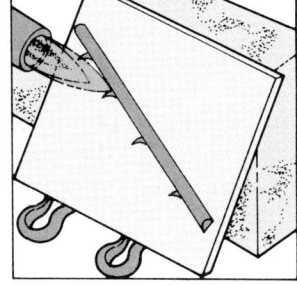

3 *Mit dem Stichel werden mittels Stichen kleine Gegenstände in Position gehalten.*

Schmelzen und Löten

Die für das Löten nötige Hitze würde normalerweise die Oberfläche des Metalls oxydieren. Da die Oxydschicht eine gute Verbindung des Lots mit dem Grundwerkstoff verhindert, muß die Oberfläche vor Luftzutritt durch Bestreichen der Lötflächen mit einem Flußmittel (s. S. 9) geschützt werden.

Das Flußmittel hat verschiedene Funktionen:
a) es entfernt dünne Oxydschichten auf Oberflächen;
b) es verhindert weitere Verunreinigungen;
c) es reduziert die Oberflächenspannung des Lots und läßt es gleichmäßig über die Lötnaht fließen.

Flußmittel gibt es als Pulver, flüssig oder in Kegelform. Durch Auflösen des Pulvers in Wasser oder durch Reiben des Flußkegels

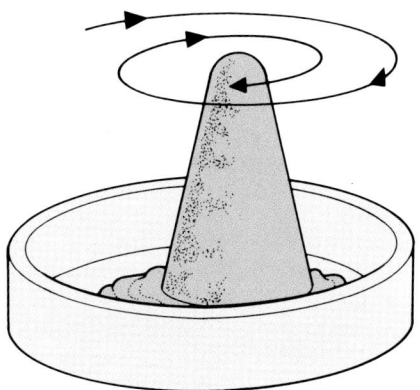

Durch Abreiben des Boraxkegels in einer unglasierten Schüssel mit etwas Wasser entsteht eine cremige Paste.

in einer mit Wasser gefüllten unglasierten Schüssel entsteht eine cremige Paste.

Streichen Sie das Flußmittel auf die Lötstelle, je stärker die zu lötenden Werkstücke, desto zäher soll das Flußmittel sein. Zuwenig Flußmittel wird schon vor dem Schmelzen des Lots verbrannt sein, zuviel wird das Lot über die ganze Oberfläche und nicht nur entlang der Lötstelle laufen lassen.

Sobald das Werkstück mit Flußmittel behandelt ist, kann erhitzt werden. Achten Sie darauf, daß die Lötflamme alle Teile gleichmäßig erfaßt.

Mit steigender Temperatur beginnt das Flußmittel Blasen zu bilden. Wachen Sie sorgfältig darüber, daß durch die Blasen die Einzelteile des Werkstücks nicht verschoben werden. Wenn mehr Hitze zugeführt wird, verschwinden die Blasen allmählich wieder und bilden eine pastose Schicht über der Lötstelle, wodurch Luftzutritt und Oxydation verhindert werden. Bei weiterer Hitzezufuhr

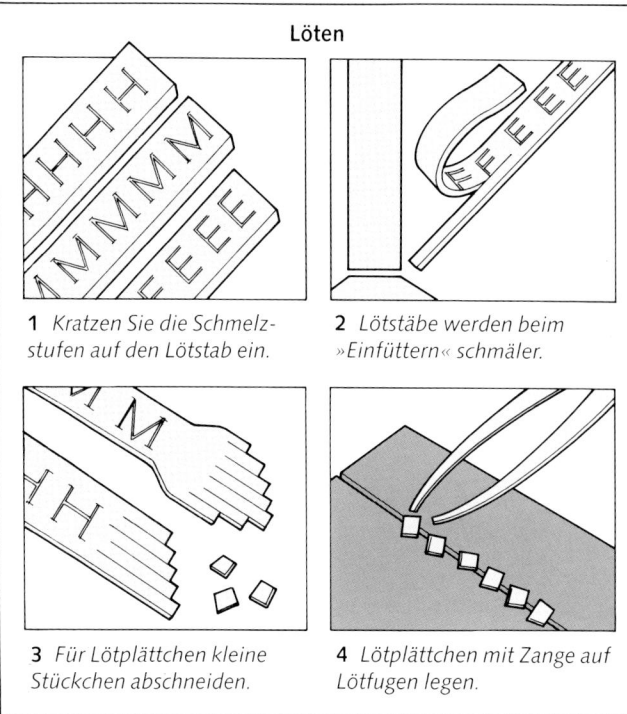

Löten

1 *Kratzen Sie die Schmelz-stufen auf den Lötstab ein.*

2 *Lötstäbe werden beim »Einfüttern« schmäler.*

3 *Für Lötplättchen kleine Stückchen abschneiden.*

4 *Lötplättchen mit Zange auf Lötfugen legen.*

schmilzt das Flußmittel schließlich und läuft über die Oberfläche in den Lötspalt. Nun muß das Lot in Aktion treten. Das Flußmittel verdrängt die Luft aus dem Lötspalt und läßt das Lot auf die reine Fläche fließen. Es fließt entweder von einer Lötstange in den Lötspalt, oder es werden vor dem Löten kleine, vom Lötstreifen geschnittene Lötblättchen auf den Lötspalt gelegt. Bei Verwendung dieser kleinen Blättchen ist es ratsam, das Werkstück zuerst zu erhitzen, bis das Flußmittel Blasen wirft und wieder abkühlt. Überziehen Sie die Blättchen mit nassem Flußmittel und plazieren Sie diese mit einer Pinzette auf dem Lötspalt. Das Flußmittel wird sofort trocknen und die Blättchen in Position halten.

Verwenden Sie nur ganz wenig Lötmittel. Wenn es nicht fließt, dann haben Sie nicht die richtigen Bedingungen geschaffen. Achten Sie darauf, daß beide Teile die gleiche Temperatur haben, sonst verbindet sich das Lötmittel eher mit dem heißeren Teil. Das Lot soll schmelzen, indem die im Werkstück entstehende Hitze auf das Lot gelangt, und nicht, indem die Flamme auf die Lötstelle gebracht wird. Überhitzen des Lots läßt das Zink in der Legierung verdampfen und verursacht winzige Löcher in der Lötstelle.

Vor dem Pickeln oder Härten muß das Werkstück abkühlen. Durch zu frühes Härten entsteht Spannung in der Lötstelle.

Härten und Abschrecken

Irgendwann werden Sie gezwungen sein, ein kleines Werkzeug selbst herzustellen, sei es, weil Sie es für ein spezielles Werkstück benötigen oder weil es im Handel nicht erhältlich ist. Nur den Anfänger wird diese Aufgabe erschrecken, aber auch er wird bald erkennen, daß sie lösbar ist.

Artikel wie Locheisen, Meißel, Spalt- oder Kerbwerkzeuge oder Schaber stellt der Handwerker nach seinen eigenen Bedürfnissen und gemäß seiner Arbeitsmethoden am besten selbst her. Diese Werkzeuge sind in den meisten Fällen aus Fluß-, Werkzeug- oder Edelstahl. Gutes Werkzeug muß gehärtet und abgeschreckt werden, um seinem späteren Verwendungszweck zu entsprechen. Härten und Abschrecken sind wichtige Standardverfahren in der Metallverarbeitung und werden daher hier in aller Kürze dargestellt. Es ist sehr wichtig für Ihre Arbeit, zu begreifen, wie Metalle in ihrer Qualität durch eine fachmännische Bearbeitung verändert werden können.

Durch Erhitzen des Werkzeugstahls bis zur Rotglut und nachfolgendem raschem Abkühlen wird der Stahl sehr hart. In diesem Zustand ist er jedoch viel zu spröde. Man muß ihn also ein zweites Mal erhitzen, um die Härte zu verringern, die Festigkeit aber zu erhöhen. Das nennt man Abschrecken oder Vergüten.

Bei der Herstellung eines Werkzeugs erreicht man die gewünschte Form durch Sägen und Feilen. Die Oberfläche muß schließlich ganz glatt sein. Das erreicht man mit immer feinerem Schmirgelleinen.

Flußstahl wird üblicherweise in reinem Wasser gehärtet, aber der Zusatz von Salz erhöht den Härtegrad, da die Hitze dadurch schneller abgeführt wird. Man muß jedoch sorgfältig vorgehen, um Rißbildungen zu vermeiden, die bei Überhitzen entstehen. Durch die Risse wird die Oberfläche enthärtet, was vor dem Härten neuerliches Polieren erfordert. Während des Härtens die Temperatur steigern, um eine feinkörnigere Struktur des Metalls zu erhalten.

Beim Abschrecken muß das Werkstück unbedingt vertikal ins Wasser getaucht werden, da es sich sonst biegt.

Die beim Härten entstehende charakteristische Oberflächen-Oxydschicht muß vor dem Abkühlen mit einem feinen, trockenen Schmirgelleinen wegpoliert werden. Halten Sie das Werkstück ungefähr 25 mm über den Flammkern. Beim Aufheizen erhält der Stahl eine Oxydschicht. Verwenden Sie kein Öl, das vielleicht einen dünnen Film zurückläßt, was wiederum den nächsten Arbeitsgang beeinflußt. Berühren Sie das gehärtete Ende nicht, da auch das Hautfett ungünstigen Einfluß hat. Mit dem Ansteigen der Temperatur verändert sich auch die Farbe, je nach Hitzegrad, siehe nebenstehende Tabellen.

Diese Veränderungen sind:

blaßgelb	220°	hohe Temperatur
strohfarben, hell	230°	
strohfarben, mittel	240°	
strohfarben, dunkel	260°	mittlere Temperatur
purpurrot	270°	
blau	290°	niedrige Temperatur
blaßblau	320°	

Die Hitze wird, zur Spitze wandernd, die Farbe verändern. Sobald Blau erreicht ist, bilden sich weitere Oxydschichten, aber nun ist der Stahl zu weich, um noch gebrauchsfähig zu sein.

Wenn die Spitze des Werkstücks die gewünschte Form erreicht hat, wird das Stück in Öl getaucht. Nun ist der richtige Härtegrad erreicht. Welche Färbung man braucht, kann auf der folgenden Temperiertabelle abgelesen werden:

blaßgelb	Gravierwerkzeuge, Feilen, leichter Längsdrehstahl
strohfarben, hell	Rasierklingen, Kratzeisen
strohfarben, mittel	Nuteisen, Hammerflächen, Taschenmesser, Bohrer, Gewinde, Locheisen, Abscherer, Freibohrer
strohfarben, dunkel	Holzschlagwerkzeuge, Meißel
purpurrot	Holzbohrwerkzeuge, Äxte, Nähnadeln, Federn
blau	Federn, Schraubenzieher

Die Färbung der Oberfläche kann entweder wegpoliert oder ganz bewußt gelassen werden. Wenn im Verlauf des Abschreckens die gewünschte Farbe nicht erreicht wird, muß der ganze Vorgang von Anfang an wiederholt werden.

Alte Feilen sind meist aus erstklassigem Stahl, doch müssen sie gründlich enthärtet werden, bevor man sie verwenden kann. Langsam erhitzen, bis sie rot sind, dann abkühlen lassen. Während die Temperatur allmählich sinkt, entlädt sich die durch das Härten verursachte Spannung im Stahl, der wieder seinen entspannten Zustand erreicht.

Polieren und Nachbearbeiten

Die letzten Arbeitsgänge bei Reparatur und Wiederherstellung eines Gegenstands sind Hochglanzpolieren und Feinschliff bzw. Nachbearbeitung. Die Oberfläche kann entweder matt gelassen oder feinpoliert werden.

Beim Polieren geht man folgendermaßen vor: Zuerst werden die ärgsten Spuren mit einem groben Schleifmittel entfernt; dann verwendet man immer feinere Schleifmittel. Lötüberschuß und tiefe Kratzer werden wahrscheinlich nur mit einer Feile oder mit Schmirgelleinen entfernt werden können. Auch Schleifpapier kann eingesetzt werden.

Wenn die Rückstände weggewaschen sind, sollte die Oberfläche ganz matt sein.

Für den letzten Poliergang nimmt man Polier- oder Juwelierrot, das in Blockform (mit Hartfett gebunden) oder in Pulverform im Handel ist; durch Beimengung von Wasser entsteht eine Paste. Das Polierrot wird mit einer harten Bürste oder mit Sämischleder aufgetragen. Werkstücke mit durchbrochener Oberfläche reinigt man mit Poliergarn, wobei mehrere Längen Garn, an einem Haken an der Werkbank befestigt, straff angezogen werden. Das Polierrot auf dem Garn verteilen und mehrmals durch die durchbrochenen Stellen hin und her ziehen. Da das Garn sehr schnell Rillen erzeugt, muß man ganz flach arbeiten. Abschließend wird das Werkstück in warmem Wasser unter Zusatz eines Reinigungsmittels gewaschen.

Schnellere Ergebnisse erzielt man mit einem Schleifmotor oder einer Bimsscheibe, die beide in unterschiedlichen Größen und Stärken erhältlich sind. In Verbindung mit dem entsprechenden Poliermittel wird jede Scheibe eine andere Wirkung haben, wobei die Regel gilt: Je härter die Scheibe, desto gröber wird der Oberflächenzustand sein. Nach jedem Schleifgang muß das Werkstück gereinigt werden, bevor die nächste Scheibe verwendet wird. Poliermotoren haben eine Geschwindigkeit von etwa 3500 Upm. Die Poliergeschwindigkeit hängt vom Durchmesser der Schleifscheibe ab.

Die empfohlene Geschwindigkeit hängt vom Material ab, das poliert wird, von der Art der Scheibe, des Schleifmittels und der gewünschten Politur. Gute Vorbereitung der Schleifarbeiten wird gute Ergebnisse erzielen und den Zeitaufwand lohnen. Beim Schleifen muß das Werkstück ständig bewegt werden, um Oberflächenbeschädigung zu vermeiden. Das gilt vor allem für harte Scheiben, die üblicherweise bei allen flachen Oberflächen verwendet werden, und um das Stumpfwerden scharfer Kanten zu verhindern.

Weiche Scheiben werden bei unregelmäßigen Oberflächen verwendet und dort, wo das Metall schnell entfernt werden muß.

Pflege der Schleifscheiben

Von Zeit zu Zeit ist es notwendig, die Scheiben zu reinigen, da sie mit Schleif- und Metallrückständen verstopft sind. Zu diesem Zweck hält man ein mit herausragenden Nägeln bestücktes Holz gegen die Scheiben. Man kann auch eine steife Drahtbürste mit langem Stiel gegen die Scheiben halten. Versuchen Sie nicht, die Scheiben zu waschen, da sie dadurch brechen können und ihre Wirkung einbüßen.

Schleifscheibensorten

Hier eine Liste von Scheibentypen und Schleifmitteln. Gehen Sie beim Polieren stets mit äußerster Sorgfalt vor. Achten Sie darauf, daß Sie keinen losen Gürtel oder Ihre langen Haare in die Nähe der Scheiben bringen. Ringe und Ketten am besten abnehmen.

Wollscheiben (für Weichmetalle) erzeugen feinen Oberflächenglanz; mit Polierrot verwenden.

Flanell- und Baumwollscheiben haben einen Flor auf dem Material. Um Kratzer zu vermeiden, Polierrot verwenden.

Musselinscheiben können entweder aus leichter, lockerer oder aus schwerer, dichter Leinwand sein. Sie sind entweder ungesäumt oder mit einer Vielfalt an geometrischen Mustern versehen. Am besten eignet sich Polierschiefer.

Leinwand wird für die härtesten Leinenscheiben für rasche Spanabhebung verwendet. Die Leinwand kann zusammengekittet werden und hat dann eine stärkere Wirkung als wenn sie nur geheftet ist.

Preßfilzscheiben gibt es in verschiedenen Stärken; wird oft für schwer erreichbare Schleifstellen eingesetzt.

Borstenbürsten werden mit fettfreien Bürstenmischungen verwendet, um eine matte Oberfläche zu erzielen.

Die drei gebräuchlichsten Schleifmittel sind Polierschiefer (gröbst), Englischrot (mittel) und Polierrot (für den Feinschliff).

Projekt 1: *Eine Waage*

Der erste Eindruck

Bei der ersten Begutachtung scheint diese Waage unvollständig zu sein. Sie hat keine Standfläche oder Fuß, sondern besteht nur aus dem Waagebalken mit Zeiger und den Schalen. Es sieht so aus, als müßte man diese Waage mit der Hand halten, vielleicht mit einem Finger am obersten Ring. Vielleicht hing die Waage aber auch an einem Haken. Der Ring kann jedoch nur minimal belastet werden, denn er ist sehr schwach ausgebildet.

Auch die Qualität des Stücks ist besser als beim ersten Hinsehen vermutet. Obwohl die Schalen ziemlich dünn und billig aussehen, sind sie doch relativ schwer. Der Grund dafür ist die Art ihrer Herstellung. Sie sind nämlich aus Kupferblech (was an sich ungewöhnlich ist, meist sind sie aus Messing). Nicht nur das Material, auch die Form ist eher selten. Sie wurden aus dem Blech in die Form gezogen. Diese Herstellungsmethode hilft, einen an sich alltäglichen Gegenstand zu datieren. Wenn die Waagschalen im letzten Jahrhundert hergestellt wurden, geschah dies höchstwahrscheinlich halbautomatisch, das heißt durch Pressung oder Spinndrehen. Die Waagschalen sind im Verhältnis zu ihrem Durchmesser relativ tief.

Auch der Waagebalken gibt über Alter und Qualität des Stücks Auskunft. Er ist aus Schmiedeeisen, in einem Stück geschmiedet. Nach der Reinigung zeigt er die Wassermarkierungen, die bei diesem Material üblich sind.

Eine solche Waage ist weder extraordinär noch alltäglich. Es lohnt sich bei gut gearbeiteten Haushaltsgegenständen aus dem letzten Jahrhundert, ja noch aus den ersten Jahrzehnten unseres Jahrhunderts immer, den Versuch der Restauration zu wagen.

Reihenfolge der Arbeiten

Obwohl allgemein in gutem Zustand, hat eine der Waagschalen eine recht beachtliche Delle, die verschwinden soll. Vorher jedoch müssen die Ketten entfernt werden, um die Waagschalen leicht handhaben zu können. Die Schalen sind irgendwann einmal lackiert worden, und der Lack muß entfernt werden, bevor man mit dem Hämmern beginnt.

Sobald die Schalen restauriert sind, können die Ketten gereinigt und poliert und der Waagebalken von Rost befreit werden.

Die beschädigte Waage: die Schalen sind verbeult und geknittert;
oben: restauriert und wieder zusammengebaut.

Schweifen und Treiben

Es gibt verschiedene Arbeitsmethoden, ein Hohlgefäß aus Nichteisenmetall eigenhändig herzustellen. Die anzuwendende Technik hängt von Tiefe und Durchmesser des Gegenstandes und seiner Qualität ab.

Die erste Methode, das Schweifen, wird zur Herstellung von Schlüsselformen angewandt, und zwar mit einem Holzhammer oder einem Metallblockhammer. Das Metall wird durch Hämmern in einer Vertiefung entweder eines Holzblocks oder eines Sandsacks, geformt. Die Hammerschläge müssen gleichmäßig ausgeführt werden; man beginnt an der äußeren Kante und arbeitet spiralenförmig zur Mitte zu, wobei jede folgende Reihe einen Hammerschlag breit ist.

Wenn das Gefäß einen flachen Rand haben soll, beginnt man mit dem Treiben in der Entfernung von der Kante, die für den Rand vorgesehen ist.

Die Hauptschwierigkeit bei dieser Methode ist, die Bodenfläche des Werkstücks eben zu halten.

Schweifen und Treiben

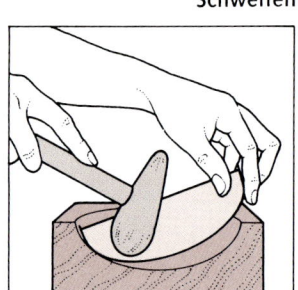

1 Beim Rand mit Schweifen beginnen.

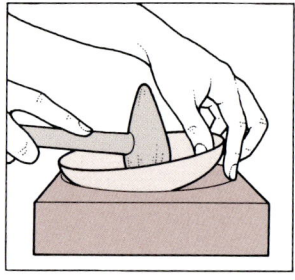

2 Stützen Sie den hinteren Rand mit Ihren Fingern.

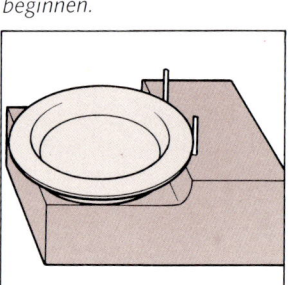

3 Schweifen und Treiben sind ähnliche Arbeiten.

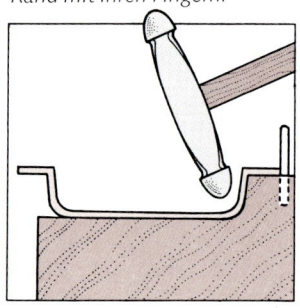

4 Drehen Sie während des Hämmerns das Werkstück.

Aufziehen

Die meisten Gegenstände sind zu eng und zu tief, um nur verblockt zu werden; sie werden vielmehr aufgezogen. Sowohl beim Treiben als auch beim Verblocken wird das Werkstück an der Innenseite gehämmert; beim Aufziehen geschieht es an der Außenseite. Man braucht dazu einen Führungspfahl oder einen Pflock, auf dem die Metallscheibe bearbeitet wird. Von der Bodenfläche ausgehend, wird das Metall in konzentrischen Kreisen auf dem Führungspfahl aufgezogen. Das Aufziehen hinterläßt einen charakteristischen flachen rechteckigen Abdruck auf dem Metall, der später durch Endpolieren entfernt wird. Bei diesem Vorgang wird das Metall mehrmals enthärtet, bis das Gefäß die vorgesehene Form erlangt hat. Obwohl es ein langer Prozeß ist, kann man mit dem Aufziehen Formen gestalten, die nicht unbedingt rund sein müssen; nötigenfalls kann sogar ein kompletter Kreis hergestellt werden.

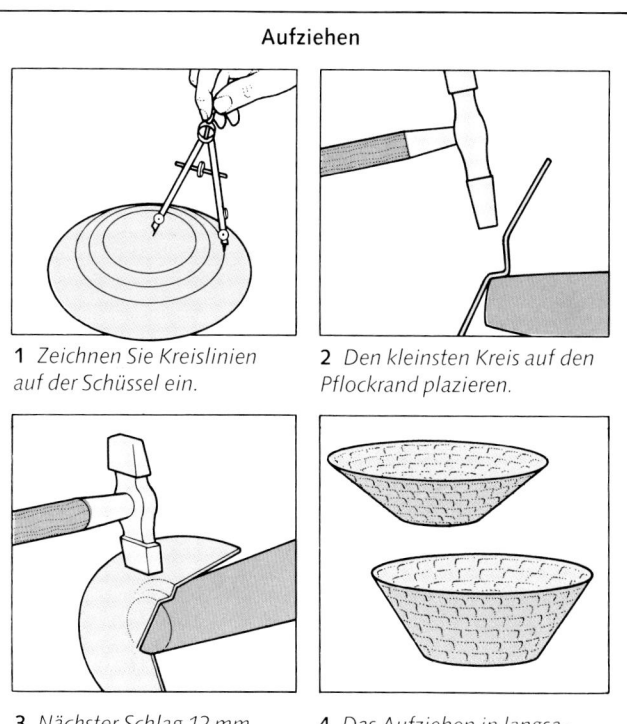

Aufziehen

1 Zeichnen Sie Kreislinien auf der Schüssel ein.

2 Den kleinsten Kreis auf den Pflockrand plazieren.

3 Nächster Schlag 12 mm weiter. Vorgang wiederholen.

4 Das Aufziehen in langsamen Schritten durchführen.

Entfernen der Ketten

Zuerst einmal sind die Halteketten zu entfernen. Das muß mit
Sorgfalt geschehen, um den Springring nicht zu beschädigen.
Greifen Sie den Ring mit zwei Zangen, und drehen Sie ihn auf,
dann können Sie die Ketten aus der Schale ziehen; merken Sie sich
aber die Position der Ketten. Die Schalen müssen nun gründlich
gereinigt werden, bevor Sie mit dem Hämmern beginnen. Überlegen Sie vorher genau, ob das etwaige Entfernen der Patina den
Wert des Objekts verringert. Die Oberfläche der Schalen ist jedenfalls nicht in Ordnung, da sie irgendwann einmal lackiert wurden.
Dieser Lack splittert nun ab.

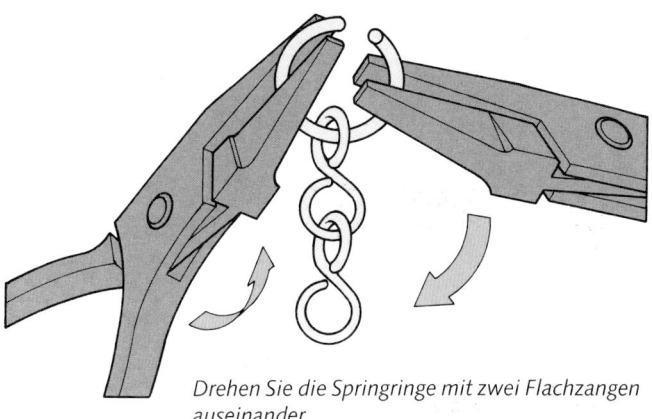

*Drehen Sie die Springringe mit zwei Flachzangen
auseinander*

Entfernen des Lacks

Lack kann man mit einem Lösungsmittel sowie mit einem nassen
Tuch und Bimsstein entfernen. Der Bimsstein sollte auch den
größten Teil der Oxydschicht auf der Innenoberfläche der Schalen
mitnehmen. Wenn der Lack hartnäckig ist, tauchen Sie die Schalen
in eine Abbeizlösung aus etwa zehn Teilen Wasser und einem Teil
Schwefelsäure. Verwenden Sie für das Säurebad entweder eine
feuerfeste Schüssel oder einen Plastikbehälter mit Deckel. Für
diejenigen, die nicht mit Säuren arbeiten wollen, gibt es sogenannte »sichere Abbeizmittel« in kleinen Mengen. Kupfer und
Kupferlegierungen mit Silber können mit Zitronensäure (in der
Zitrone) und Acetylsäure (im Essig), mit Speisesalz vermischt,
gereinigt werden. Tauchen Sie ein Tuch in die Lösung, und wischen
Sie die Oberfläche gründlich ab. Welchen Vorgang Sie auch
wählen, achten Sie darauf, daß das Werkstück gut gespült und
getrocknet ist, bevor Sie den nächsten Arbeitsgang beginnen.

Entfernen der Dellen

Zum Entfernen der Dellen benötigt man einen Buckelhammer. Dieser Hammer hat ein eiförmiges Ende. Man kann ihn ganz leicht selbst herstellen, aber auch ein Stück Holz mit einem gewölbten Ende ist brauchbar. Man legt das Werkstück auf einen Sandsack oder einen Holzblock, aus dem eine Vertiefung herausgearbeitet ist. Sandsäcke sind für gewöhnlich aus Leder, ein adäquater Ersatz wäre Kattun in mehreren Schichten zusammengelegt und -genäht.

Halten Sie das Werkstück auf dem Sandsack fest, und arbeiten Sie mit dem Hammer an der Innenseite. Wenn die Delle eine scharfe Kante hat, wird es nötig sein, die Oberfläche über die ursprüngliche Höhlung hinauszutreiben. Für scharfe Dellen empfiehlt sich die Verwendung eines hölzernen Lochstempels. Die Schale kann nun umgedreht und über einen Pflock mit Rundkopf gelegt werden. Diese Pflöcke sind im Handel sehr teuer; aus einem Stück Flußstahl kann man ihn selbst herstellen. Für die kleinen Arbeiten empfehlen sich lose Hammerköpfe, die in den Schraubstock eingespannt werden. Der Pflock soll einen etwas kleineren Radius haben als die Schale und eine ganz glatte Oberfläche. Jede Unebenheit des Pflocks wird sich auf der Innenseite der Schale abdrücken. Mit einem zylindrischen Hammer bearbeiten Sie ganz leicht die erhabenen Beulen auf der Schalenaußenseite, bis sie eben sind. Während der Hammer auf die Pflockmitte schlägt, soll die Schale über den Pflockkopf bewegt werden. Auch der Schalenrand muß ausgerichtet werden. Um eine regelmäßige Form zu erhalten, muß man sanft um den ganzen Rand herum klopfen und nicht nur dort, wo Unebenheiten sind.

Entfernen von Dellen

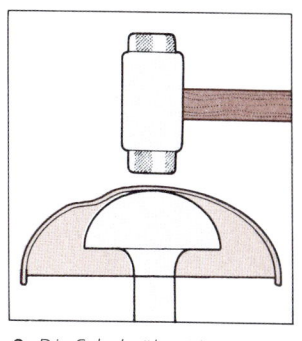

1 *Die Dellen von innen nach außen drücken.*

2 *Die Schale über einem Pflock ausrichten.*

Glätten und Polieren

Nun muß man entscheiden, ob ein neuerliches Glätten der Form nötig ist. Glätten verfestigt zwar die Form, aber es macht sie auch eine Spur flacher und das Metall dünner. Wenn das Metall jedoch tiefe Falten und Knicke hat, muß man sicherlich glätten.

Für das Glätten braucht man einen Spezialhammer mit hochpoliertem Metallkopf. So wie bei den Pflöcken teilt sich auch bei diesem Hammer jede Unebenheit der Oberfläche des Werkstücks mit.

Beginnen Sie damit, die Schale auf den Pflock zu legen und das Metall leicht zu klopfen. Drehen Sie das Metall ganz wenig, so lange, bis Sie einen hellen Ton hören. Das bedeutet, daß das Metall nun mit dem Pflock darunter in Kontakt ist. Klopfen Sie nun von der Mitte aus das Metall ab, aber geben Sie dabei acht, daß der Hammer immer auf denselben Punkt am Pflock schlägt. Drehen Sie die Schale dabei, um konzentrische Kreise und überlappende

Die reparierte und polierte Waage ist in ihren Einzelteilen zur letzten Begutachtung ausgelegt.

Glätten

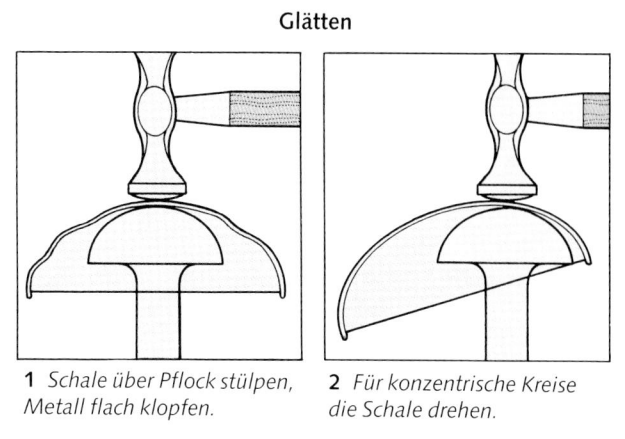

1 *Schale über Pflock stülpen, Metall flach klopfen.*

2 *Für konzentrische Kreise die Schale drehen.*

Flächen zu erzeugen. Dehnen Sie aber das Metall dabei nicht, wenn Sie in die Nähe des Schalenrandes kommen. Die Markierungen nach dem Glätten sollten nur gering sein und nicht den im Handel erhältlichen Fließband-Kupferwaren ähnlich sein. Durch das Glätten entsteht eine polierte, glatte Oberfläche, vor allem aber wird das Stück dadurch gehärtet und werden die Erhebungen und Dellen entfernt.

Wenn Sie richtig geglättet haben, ist das Feinpolieren der Oberfläche eine relativ einfache Arbeit, vor allem wenn man einen Poliermotor verwendet. Ansonsten muß man mit der Hand polieren. Leichte Kratzspuren können auch mit dem sogenannten Schottischen Stein (s. S. 9) entfernt werden. Geben Sie acht, daß Sie mit dem Stein keine Rillen machen, und verwenden Sie sehr viel Wasser dabei. Es gibt auch verschiedene Schmirgelpapiere, die weit weniger aggressiv sind als Schmirgelleinen. Die feinsten Schmirgelpapiere erzielen einen eigenen feinen Glanz. Endpolieren kann man mit Polierrot und einem Sämischledertuch oder einem weichen Lappen. Das Polierrot kann aber auch mit Wasser zu einer Paste vermischt und mit einer steifen Bürste aufgetragen werden. Für genauestes Polieren bestimmter Flächen wickeln Sie einen etwa 25 × 5 × 0,5 cm langen Stock in Filz oder Leinen und tragen die Paste damit auf. Schließlich entfernen Sie alle Spuren des Polierrots mit einem Entferner. Es gibt sehr gute Metallpolituren auf dem Markt, die den Metallglanz bewahren, Ihr Werkstück wird dann sehr rasch eine schöne Patina bekommen, aber vielleicht wollen Sie die Teile lieber lackieren. Der Lack verfärbt zwar das Metall, aber Sie sparen dann viel Zeit beim Reinigen.

Handpolieren

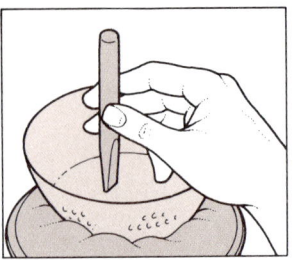

1 *Scharfe Beulen mit Holz-werkzeug rausdrücken.*

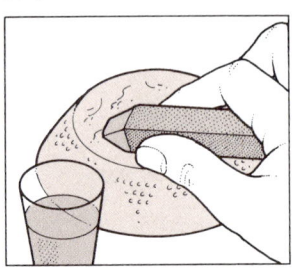

2 *Schottischer Stein und Wasser gegen Kratzer.*

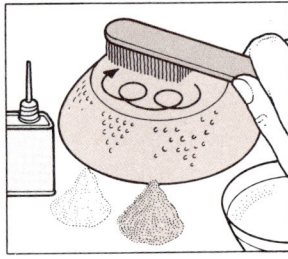

3 *Bimsstein und Wasser, dann Polierrot und Öl.*

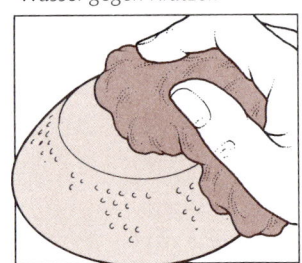

4 *Zitrone, Acetyl und Salz gegen Oxyd.*

Reinigen der Ketten

Wenn die Schalen fertig sind, können die Ketten vom Waagebalken entfernt und in die Reinigungslösung getaucht werden. Zehn Minuten darin liegen lassen, herausnehmen und gründlich waschen.

Nageln Sie nun die Ketten auf ein Holzbrett, und bürsten Sie mit einer groben Bürste, Bimsstein und flüssiger Seife die Ketten so lange, bis die Oxydschicht entfernt ist, dann gründlich waschen. Die Ketten sollten nun einen schönen matten Glanz haben. Wenn Sie jedoch leuchtenden Glanz bevorzugen, gehen Sie nochmals mit der Bürste darüber, und verwenden Sie dazu Polierrot in Pastenform oder eine flüssige Politur.

Sie können auch maschinell glanzschleifen, doch seien Sie vorsichtig. Wickeln Sie die Ketten um ein Stück Holz und halten Sie sie an eine Polierscheibe mit kleinem Durchmesser, doch geben Sie acht, daß kein Kettenende oder Durchhang in den Maschinenkopf gerät.

Der Waagebalken ist aus Eisen und zeigt alle Mängel einer Handfertigung. Der Rost muß entfernt werden; bürsten Sie den oberflächlichen Schmutz weg, und schätzen Sie dann ab, welche Reinigungsart die beste ist.

Greifen Sie nur im äußersten Notfall auf die Polierscheibe zurück. Sie können damit nämlich Inschriften, Inlays, Markenzeichen, Bläue usw. zerstören.

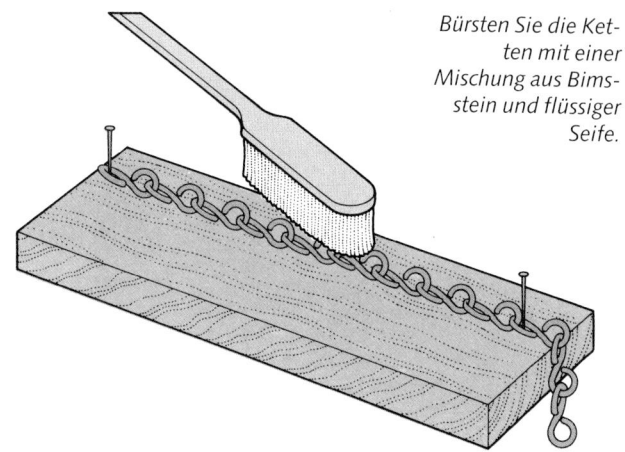

Bürsten Sie die Ketten mit einer Mischung aus Bimsstein und flüssiger Seife.

Rostbehandlung

Es gibt zwei Arten von Rost, denen Sie in erster Linie begegnen werden, die rotbraune, leichte Oberflächenschicht und der gefährlichere, harte schwärzliche Überzug, der die Oberfläche angreift. Schleifen Sie nur so wenig wie möglich von der Oberfläche ab. Sie können sich viel Mühe sparen, wenn Sie das Werkstück in ein Gemisch von Paraffin (Kerosin) und Mischöl legen und nach dem Weichen abbürsten. Es gibt mehrere gute Rostentferner auf dem Markt, aber lassen Sie diese nicht zu lang einwirken, da sie ätzen. Für das Abschleifen des Rosts kann man Stahlwolle verwenden oder verschiedene Stärken Schmirgelleinen und natürlich auch Polierpapiere. Wenn Paraffin verwendet wird, achten Sie darauf, daß alle Rückstände gut abgewaschen werden; wegen des hohen Wassergehalts kann nämlich wieder Rost entstehen.

Die polierte Oberfläche kann nun lackiert oder mit Wachspolitur versiegelt werden. Abschließend den Waagebalken zusammensetzen, die Kettenringe mit Hilfe von zwei Zangen zudrehen. Die Waage ist nun wieder gebrauchsfähig.

Projekt 2: *Eine Polizeilampe*

Öllampen werden schon seit geraumer Zeit gern gesammelt, obwohl es sich dabei meist um Gebrauchsgegenstände handelte. Seit das Interesse an alten Dingen immer mehr steigt, ist es schwieriger geworden, unbeschädigte originale Exemplare zu finden, folglich wurde das Sammeln und Ausstellen kommerzieller und industriell gefertigter Objekte immer häufiger. Diese Lampe ist ein gutes Beispiel dafür.

Gegenstände aus der Polizeiarbeit haben immer schon manche Sammler fasziniert. Heute ist die Nachfrage viel stärker als das Angebot, und alles, was zur Ausstattung der Polizei gehört, hat einen hohen Verkaufswert, wie Helme, Koppel oder bemalte Gummiknüppel.

Die Bullaugenlaterne

Diese Laterne wurde um 1880 in Bishopsgate in London von der Firma Joyce and Son hergestellt; ihre Metallplakette ist unter der Schmutzschicht noch zu erkennen. Es ist ein besonders schönes Stück, da die Konvexlinse in sehr gutem Zustand und der Körper der Lampe voll erhalten ist. Innen ist noch der Originalbrenner vorhanden, der eigenartigerweise nicht justiert ist. Der Docht wurde vor jedem Patrouillengang angezündet und brannte dann weiter. Die Lampe gibt sehr gutes Licht. Aber es ist ein enormer Unterschied, ob man die Laterne in einem abgedunkelten Wohnzimmer ausprobiert oder damit die Düsternis einer nebeligen Allee an einem Flußufer zu durchdringen versucht. Ursprünglich mußte man die Laterne in der Hand halten, oder der Polizist hatte sie an den Uniformgürtel geschnallt.

Der Korpus der Laterne ist aus verzinntem Eisenblech; die einzelnen Teile sind so geschickt entworfen, daß das Stück trotz geringen Gewichts sehr stabil ist; die Bullaugenlinse sitzt tief drinnen in der Lampe, wo sie gut geschützt ist. Das Vordergehäuse, das die Linse umgibt, ist wasserdicht.

Man sollte immer die originale Zusammensetzung eines Stücks sorgfältig studieren, eine ungewöhnliche Herstellungsmethode notieren und weiterforschen. Beim ersten Hinsehen glaubt man, daß die Reparatur dieser Laterne eine einfache Sache ist. Die Schornsteinkappe der Lampe ist locker und muß heruntergenommen, gereinigt, nachgeschliffen und gelötet werden. Machen Sie sich Notizen über den Originalzustand.

Die Hauptbestandteile der Laterne waren stark mit Ruß und Fett verunreinigt. Die Laterne muß auseinandergenommen (oben) und vor der Reparatur gründlich gereinigt werden.

Auseinandernehmen der Lampe

Bevor man versucht, die Kappe abzulöten, muß das Herzstück der
Lampe aus dem Gehäuse genommen werden. Dazu muß man die
obere Kappe drehen und abheben. Der Brenner, der Reflektor und
der Teil unter dem Rauchfang werden vom Hauptteil abgehoben.
Dann entfernen Sie das Brennergehäuse. Wenn der Brenner voll
Ruß und Fettablagerungen ist, legen Sie ihn auf einen heißen
Radiator, bis das Fett weich wird und weggewischt werden kann.
Die obere Kappe ist (siehe Diagramm unten) mit Fixierösen an die
untere Kappe angelötet. Durch Erhitzen der Fläche rund um die
Ösen schmilzt das Lötmaterial, und die Ösen können nun mit
einem alten Schraubenzieher abgehoben werden. Halten Sie inzwischen die anderen Teile der Lampe in einem Schraubstock fest.
Wenn man sich die Herstellungsabfolge der Lampe überlegt, wird
man schnell erkennen, daß die Ösen durch die Fixierlöcher gesteckt und nachdem die Kappen wieder übereinandergesteckt
wurden, festgelötet werden müssen. Das würde bedeuten, daß
auch die Ösen auf der Innenseite der Kappe befestigt wurden
(siehe Diagramm unten). Durch Erhitzen der betreffenden Flächen
und Entfernen des Lötmaterials wird die Kappe zwar gelockert, ist
aber noch immer nicht abnehmbar.

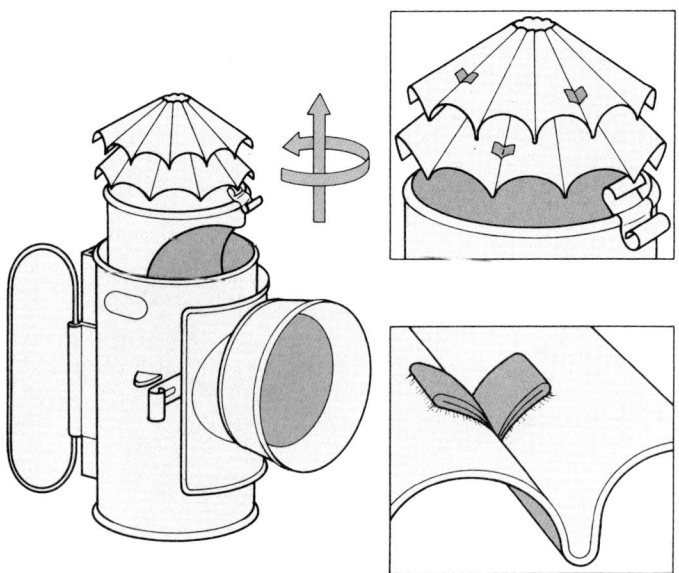

*Entfernen Sie den Rauchfang vom Lampenkörper durch Anheben
und Drehen (links). Die obere Zeichnung zeigt die Position der
angelöteten Ösen, darunter das Detail.*

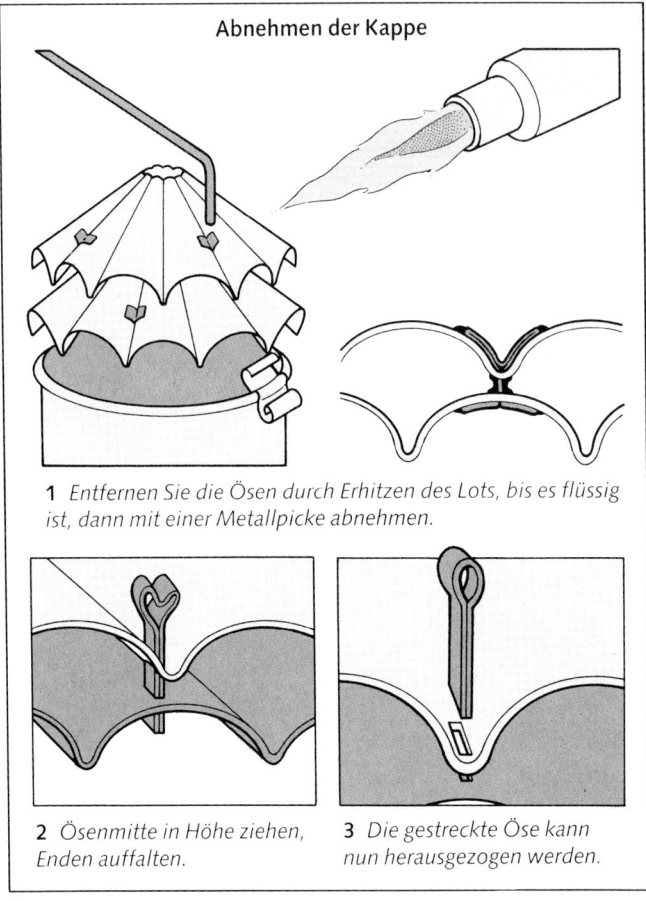

Abnehmen der Kappe

1 *Entfernen Sie die Ösen durch Erhitzen des Lots, bis es flüssig ist, dann mit einer Metallpicke abnehmen.*

2 *Ösenmitte in Höhe ziehen, Enden auffalten.*

3 *Die gestreckte Öse kann nun herausgezogen werden.*

Nach näherer Betrachtung der Fixierösen erkennt man, daß diese Ösen, selbst wenn sie gelockert sind, die Kappe fest an ihrem Platz halten. Die Ösen sind haarnadelförmig, die beiden Enden sind durch die Kappen gesteckt und dann nach außen gebogen. Die Seiten der Kappe sowie die einzelnen Teile der Lampe sind zusammengelötet.

Sobald man die Herstellungsmethode kennt, ist es relativ einfach, die Kappe abzunehmen. Bei den meisten Reparaturen muß man immer zuerst die einzelnen Teile auseinandernehmen. Es ist ganz wichtig, daß der zukünftige Restaurator das Werkstück zuerst mit den Augen des ursprünglichen Herstellers betrachtet. Trotzdem wird es immer wieder Überraschungen geben, wie in diesem Fall, aber man sollte unbedingt ohne Gewaltanwendung an die Arbeit gehen.

Reinigen

Die Laterne liegt nun in Einzelteilen da: die obere Kappe, der Rauchfang, der Brenner und der Lampenkörper. Die meisten alten Lampen sind schmutzig, voll eingetrocknetem Öl und Ruß. In manchen finden sich sogar noch enorme Kerzenrückstände.

Wenn Lötarbeiten nötig sind, muß zuerst einmal der Schmutz entfernt werden. Legen Sie die einzelnen Teile zuerst in eine Paraffinlösung. Zur Beschleunigung dieses Arbeitsvorgangs reinigen Sie die Oberfläche mit einer Zahnbürste oder mit einer kleinen Kratzbürste aus Metall. Wenn ein Großteil des Schmutzes entfernt ist, legen Sie die Einzelteile neuerlich in eine Paraffinlösung, dann waschen Sie die Teile in einer Lösung aus heißem Wasser, Soda und Spülmittel. Seien Sie besonders vorsichtig beim Reinigen der Oberflächennahtstellen: Wenn nötig, reinigen Sie diese mit einem Wattebausch.

Nun muß das Stück gründlich getrocknet werden. Am besten ist es, die Teile in eine Schachtel mit Sägespänen zu legen oder nach anfänglichem Trockenwischen mit einem Fön ganz zu trocknen.

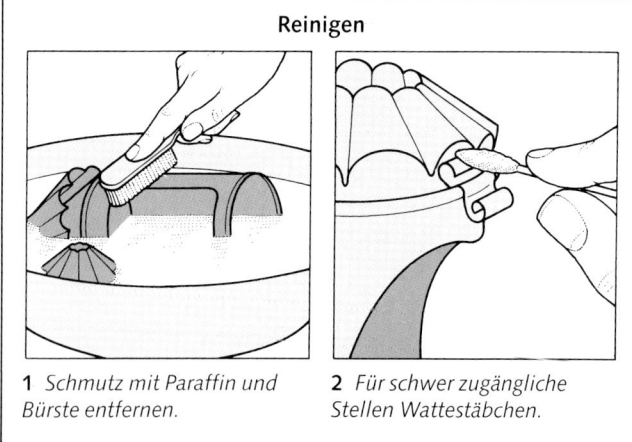

Reinigen

1 *Schmutz mit Paraffin und Bürste entfernen.*

2 *Für schwer zugängliche Stellen Wattestäbchen.*

Rostbehandlung

Eine verrostete Oberfläche ist mit einem passenden Rostentferner zu behandeln. Wählen Sie sorgfältig aus, manche Handelsware gilt gleichzeitig als Grundlage für den nachfolgenden Anstrich. Achten Sie darauf, daß die jeweilige Lösung nie zu lang auf dem Metall bleibt, da sie die Oberfläche ätzt und bald mehr schadet als nützt. Man kann Rost auch nur mit Schleifmitteln entfernen. Wenn er nur

Ausräumen mit Draht

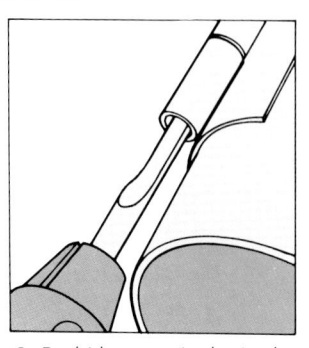

1 *Entsprechend starken Draht an einem Ende zufeilen.*

2 *Draht langsam in das Loch des Griffs einführen.*

oberflächlich ist, helfen Stahlwolle und etwas Öl. Stärker verrostete Stellen können mit Schmirgelleinen, Bimsstein oder Schmirgelpaste behandelt werden.

Außer der Kappe gibt es bei dieser Laterne noch zwei Problemstellen. Erstens ist der Handgriff so unbeweglich, daß die kleinste Bewegung zum Abreißen des Metalls führen könnte. Verwenden Sie Schmieröl, und er wird sich wieder leicht bewegen lassen. Möglicherweise müssen Sie den Vorgang mehrmals wiederholen und das Öl einwirken lassen. Dann können Sie den Griff abmontieren und den restlichen Rost entfernen.

Rost in der Griffhalterung selbst entfernt man mit einem in einem Handbohrer festgehaltenen Stück Draht. Nehmen Sie eine Metallsaite brauchbarer Stärke, die Sie auf einer Seite flachfeilen. Schneiden Sie das Ende ungefähr im 30gradigen Winkel ab und stecken es in den Bohrer. Drehen Sie den Bohrer, und treiben Sie dabei den Draht in das Halterungsloch. Immer weiterdrehen. Das entfernt den Rost, ohne das Bohrloch zu vergrößern.

Auf die gleiche Weise wird auch das zweite Problem gelöst: der Rost auf dem Scharnierbolzen, weshalb sich das Türchen der Lampe gesenkt hat. Der Bolzen muß entfernt werden, das Scharnier gereinigt und der Bolzen durch einen aus Nickel, der härter ist und nicht rostet, ersetzt werden.

Ausschärfen mit einem Drahtbohrer macht man auch bei Scharnieren, deren Gelenke nicht genau in Linie sind. Die Führung des Scharnierbolzens wird mit dem Bohrer gereinigt.

Die Kappe ausrichten

Auf das gereinigte und entrostete Stück kann nun die Kappe aufgesetzt werden, nachdem sie ausgerichtet wurde. Nehmen Sie einen Holzblock, den Sie in der gewünschten Form ausgekehlt haben, und fixieren Sie ihn im Schraubstock. Legen Sie die erste der Rippen in die Ausnehmung am Holzblock, und klopfen Sie mit der schmalen Seite des Hammers gleichmäßig auf die Rippe; gehen Sie bei allen Rippen so vor, dadurch wird die Kappe gleichmäßig gerundet bleiben. Versuchen Sie nicht, verbeulte Rippen ganz neu zu formen, Sie würden nur den allgemeinen Eindruck der Lampe verändern.

Herstellen einer neuen Kappe

Wenn eine Kappe komplett ersetzt werden muß, schneidet man verzinntes Eisenblech scheibenförmig aus und markiert die gewünschten Rippen. Formen Sie die erste Rippe mit dem Hammer, dann die gegenüberliegende Rippe, und in dieser Weise gehen Sie rundherum vor. Die Scheibe wird sehr bald ein kegelförmiges Aussehen annehmen. Die Rippen können dann auf dem Holzblock mit einer geformten Holzstange ausgerichtet werden.

Die Kappe wurde unter Verwendung eines geformten Holzblocks und eines Keilhammers ausgerichtet.

Herstellen einer neuen Kappe

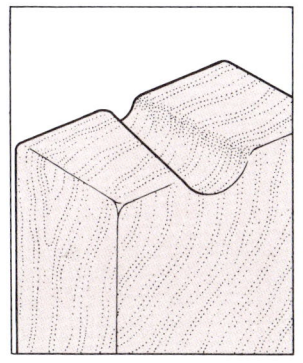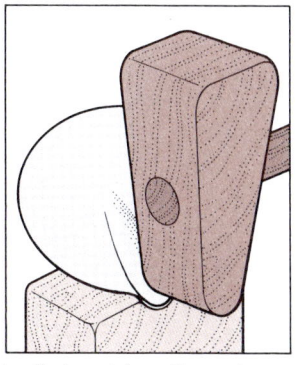

1 Verwenden Sie einen Holzblock mit einer sich verjüngenden Auskehlung und für die erste Rippe einen schmalen Keilhammer.

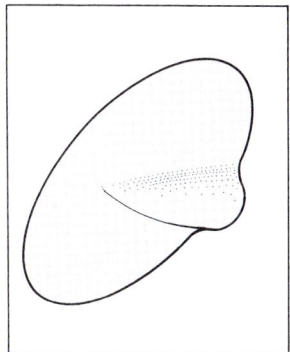

2 Die Rippe verläuft vom Rand bis zur Scheibenmitte.

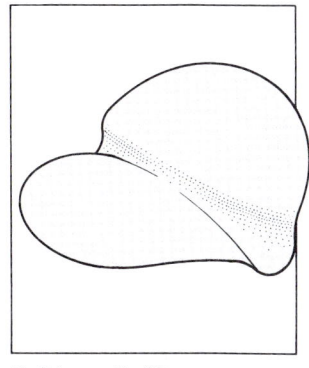

3 Die zweite Rippe gegenüber der ersten anbringen.

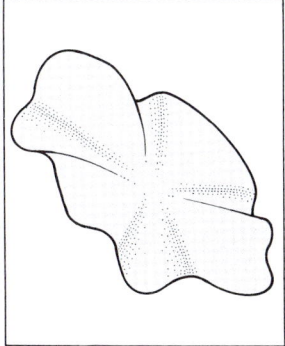

4 Rippen immer einander gegenüber ausrichten.

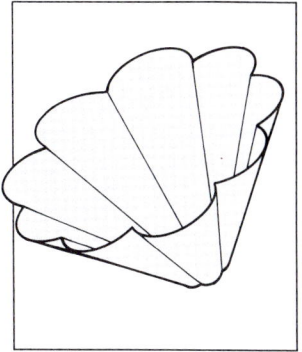

5 Die Scheibe bildet allmählich einen Kegel.

Schnell- (Weichlöten)

Wenn Sie mit der Form der oberen Kappe zufrieden sind, löten Sie sie auf den Rauchfang an. Neue Fixierösen können in der Größe 25 × 6 mm aus Zinnblech geschnitten werden. Über einen Lochstift biegen, um Haarnadelform zu erzielen. Dann die Kappe plazieren und die Fixierösen anbringen. Lassen Sie die Ösen ungefähr 6 mm unter die untere Kappe rutschen, und schmieren Sie nichtkorrodierendes Flußmittel (s. S. 9) auf die Ösen.

Biegen Sie die Ösen unter der unteren Kappe hinauf, dann erhitzen Sie die Fläche vorsichtig und löten die Ösen an. Zum Erhitzen verwenden Sie entweder eine nicht zu starke Flamme aus einem Gasbrenner oder einen Lötkolben (ist bequemer zu handhaben und sicherer). Der Lötkolben wird entweder elektrisch aufgeheizt oder über einer Gasflamme vorgeheizt; dabei muß solange geheizt werden, bis die Flamme grün ist. Das zeigt an, daß die richtige Temperatur erreicht ist. Das Eisen muß vor der Benützung verzinnt werden. Wenn es heiß genug ist, feilt man die Oberfläche leicht ab, um die Oxydschicht zu entfernen. Nun taucht man die Spitze in das Flußmittel und bestreicht damit das Lot. Dadurch ist die Spitze des Lötkolbens sofort überzogen; es ist nunmehr verzinnt und gebrauchsfähig.

Elektrische Lötkolben sind für gewöhnlich schlanker, da sie über eine ständige Hitzequelle verfügen und nicht auf eine große Fläche zur Hitzeerzeugung angewiesen sind. Bei Verwendung eines Gasbrenners ist darauf zu achten, daß keine Überhitzung entsteht. Die meisten dieser Lampen wurden auf den Oberflächen vor dem Bemalen stark verzinnt, und diese Farbe soll nicht beschädigt werden. Bei Verwendung einer Gasflamme muß die Lampe daher ständig in Bewegung gehalten werden. Sobald die Ösen unterhalb fixiert sind, kann der oberste Bügel gemacht werden. Der mittlere Bügel wird mit einem Schraubenzieher hinuntergedrückt und bildet dabei zwei flachere Bügel. Diese werden auf die gewölbten Seiten oben auf der Kappe gedrückt und poliert. Mit Flußmittel bestreichen und anlöten, abschließend Flußmittelrückstände entfernen. Diese spezielle Lampe hat noch einen Großteil der Originalbemalung, aber auch größere Roststellen. Es liegt bei Ihnen zu entscheiden, ob Sie Ihrem Werkstück durch neuerliche Bemalung eine neue Oberflächenschicht verpassen wollen. Sicher erzielt eine alte, beschädigte Lampe mit originaler Oberfläche bei Auktionen höhere Preise. Trotzdem kann man die Oberflächen sorgfältig behandeln, vor allem die Patina und die ursprüngliche Farbe, ohne daß der Gegenstand zuviel an Wert verliert.

Fixieren der Kappe

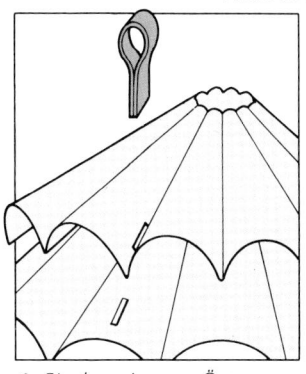

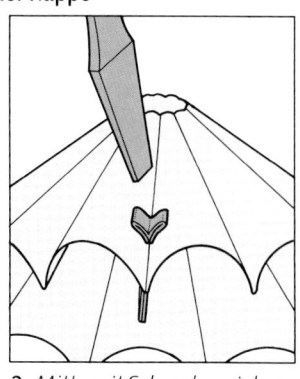

1 Stecken sie neue Ösen durch beide Kappen.

2 Mitte mit Schraubenzieher hinunterdrücken.

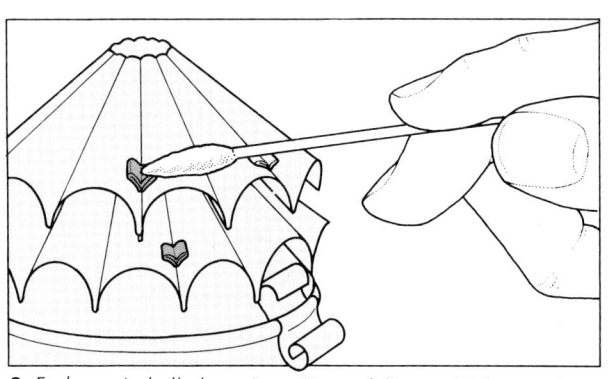

3 Enden unterhalb der unteren Kappe falten und Ober- und Unterfläche der Öse mit einem Flußmittel einstreichen.

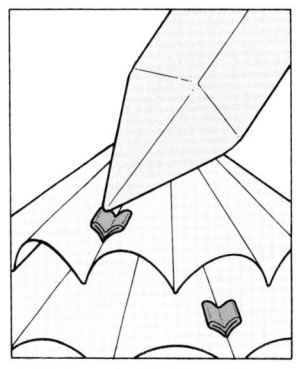

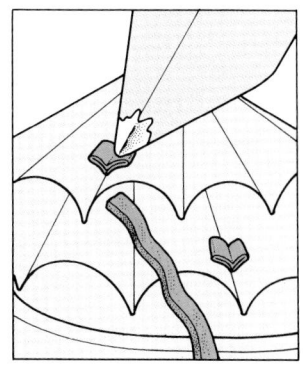

4 Heizen sie die Öse mit einem Lötkolben auf.

5 Öse mit einem Weichlot an ihren Platz löten.

Projekt 3: *Ein Silberpokal*

Obwohl dieser Gegenstand relativ modern ist, bleiben Methoden und Probleme bei der Reparatur von Silber immer gleich. Die Herstellung von Silber hat sich seit vielen Jahrhunderten nicht geändert. Nur in Produktion und Verarbeitung von Rohmaterialien hat die Technik dem Silberschmied Fortschritte gebracht. Silber muß mit anderem Metall legiert werden, um es genügend hart für den alltäglichen Gebrauch zu machen. Seit dem Ende des 12. Jahrhunderts war das Legieren von Silber und Kupfer in England gebräuchlich. Sterling-Silber besteht aus 925 Teilen reinem Silber und 75 Teilen Kupfer, das gilt für England heute noch.

Es ist im Zusammenhang mit solchen Metallarbeiten immer sinnvoll, von Zeit zu Zeit ein gutes kunsthandwerkliches Museum zu besuchen und die Ausstellungsstücke genau zu studieren und Fachbücher zu Rate zu ziehen.

Der Silber-Standard

Jeder in Großbritannien hergestellte Silbergegenstand muß diesem Standard entsprechen; es gibt dafür eigene Prüfanstalten im ganzen Land. Es werden Proben genommen, analysiert, und wenn das Stück den Anforderungen entspricht, wird es mit dem Feingehaltsstempel versehen. Jeder Silbergegenstand muß vier Stempel tragen: Erzeuger-, Prüf- und Feingehaltszeichen sowie ein Jahrgangszeichen.

Zur Münzenherstellung wird häufig Silber mit 10% Kupfer benutzt; ältere Münzen enthalten meist sehr viel mehr Kupfer. Außer für Schmuck, Tafelgerät und ähnliches wird reines Silber im chemischen Apparatebau und in der Elektrotechnik verwendet. Bei Silber wird der Reinheitsgrad vielfach in Tausendteilen angegeben. Der bekannte Stempel 800 besagt, daß 800 Teile Silber in 1000 Teilen Legierung enthalten sind.

Man muß begreifen, wie wichtig diese Zeichen sind, wenn man an die Reparatur eines Silbergegenstands geht. Jeder umfänglichere Ersatz eines Materials würde den Feingehaltsstempel ungültig machen. Überdies gibt es Stücke, die einen weitaus höheren Wert haben, als es dem Materialgehalt entspricht, weil sie z. B. das Zeichen eines berühmten Erzeugers tragen. Diese Zeichen dürfen unter keinen Umständen beschädigt oder entfernt werden.

Wenn eine Reparatur auch das Feingehaltszeichen betreffen könnte, ziehen Sie lieber einen Experten zu Rate.

Der Stiel dieses Pokals war verbogen, der Fuß beinahe ganz abgerissen und mußte vor der Reparatur entfernt werden (kleines Bild).

Notwendige Reparaturen

Reparaturen auf dem gegenständlichen Pokal beschädigen den Feingehaltsstempel nicht. Der Pokal ist durch unsachgemäße Verpackung beim Wohnungswechsel beschädigt worden – eine recht häufige Ursache. Der Fuß wurde verbeult und verzogen und fast zur Gänze abgerissen.

Das Stück besteht aus drei Teilen, der Schale, dem Stiel und dem Fuß. Schale und Fuß sind gedreht; dabei wird eine dünne rotierende Scheibe aus Silbermetall auf einer Drehbank über einem Formblock aus Metall oder Holz mit Hilfe von weichen, stumpfen Werkzeugen gedreht. Die in weichem Zustand befindliche Scheibe wird gegen den Formblock gehalten und mit dem Werkzeug per Hand hinuntergedrückt.

Der Stiel wurde gegossen und dann an Schale und Fuß gelötet. Die Nahtstelle zwischen Stiel und Fuß ist fast ganz abgerissen und der Fuß dabei verzogen worden. Der erste Arbeitsgang ist das Entfernen des Stiels vom Fuß durch Erhitzen mit einem Gasbrenner, bis das Lötmittel zu fließen beginnt und der Fuß sich löst.

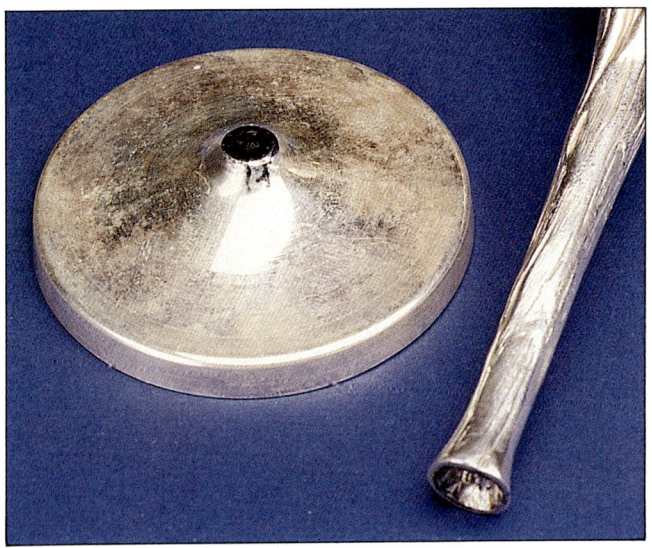

Der Beginn einer schwierigen Lötarbeit. Der Stiel muß geradegebogen und gereinigt und dann wieder neu am Fuß befestigt werden.

Dazu braucht man etwas Geschick und Übung, aber alle diese Aufgaben lassen sich, wie Sie sehen werden, mit etwas Geduld lösen.

Probleme und Vorsichtsmaßnahmen

Vor der Trennung von Stiel und Fuß ist jedoch Verschiedenes zu beachten. Was geschieht, wenn sich durch starkes Erhitzen die Schale vom Stiel löst? Das wäre sehr unangenehm, weil man dann zwei Reparaturen ausführen müßte.

Der Pokal muß so in das hitzebeständige Material gestellt werden, daß der größte Teil der Hitze von der Schale abgelenkt wird. Bei Silbergegenständen kommt meist mehr als nur ein Grad Silberlötmaterial zur Anwendung. Die Schmelztemperaturen variieren zwischen 630° und 830°. Selbst bei niedrigsten Temperaturen bilden sich Kupferoxyd und Feuerflecken auf der Oberfläche. Beim Erhitzen spaltet sich die Legierung Silber in reines Silber an der Oberfläche mit einer Oxydschicht darunter. Beim nachfolgenden Polieren wird die dünne Silberschicht freigelegt und läßt die viel härtere Oxydschicht als Grauschatten auf dem Gegenstand zurück. Man braucht sehr viel Zeit und Mühe, um sie zu entfernen; meist geschieht dies durch Pickeln, aber wenn die Schicht stärker ist, müssen Schleifmittel eingesetzt werden.

Um Oxydbildung zu vermeiden, ist es notwendig, die Oberfläche vor Luftzutritt zu schützen. Das erreicht man, wenn man das Stück innen und außen mit einem Flußmittel auf Boraxbasis bestreicht. Es gibt auch Pulver im Handel, die dafür geeignet sind.

Diese Pulver werden mit Holzspiritus zu einer Paste vermischt und das Stück damit eingestrichen. Der Spiritus verbrennt (sichern Sie Ihren Arbeitsplatz ab!) und verdunstet. Zurück bleibt eine weiße Pulverschicht, die bei anschließendem Erhitzen schmilzt und verbrennt. Nach dem Abkühlen werden die Lötstellen gereinigt, mit Flußmittel bestrichen und vor dem endgültigen Anlöten richtig positioniert.

Pulver gegen Oxydbildung

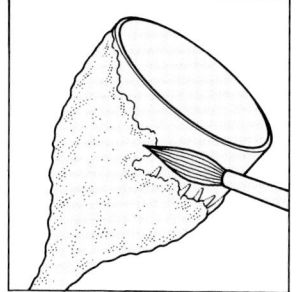

1 *Pokal mit Anti-Oxyd-Paste und Spiritus einstreichen.*

2 *Spiritus entzünden und ihn verbrennen lassen.*

Entfernen des Fußes

Zuerst erhitzen Sie das Silberpulver, bis es schmilzt, dann lassen Sie es auf handwarme Temperatur abkühlen. Achten Sie darauf, daß die gesamte Oberfläche bedeckt ist, vor allem auch die Ecken, und legen Sie zur Stützung und zur Absicherung der Schale Ziegelsteine rund um das Gefäß. Heizen Sie die Lötnaht am Fuß auf, und ziehen Sie den Fuß vorsichtig ab, sobald das Lot zu fließen beginnt. Verwenden Sie eine Zange dazu. Der Überzug auf der Oberfläche wird nun mit kochendem Wasser entfernt.

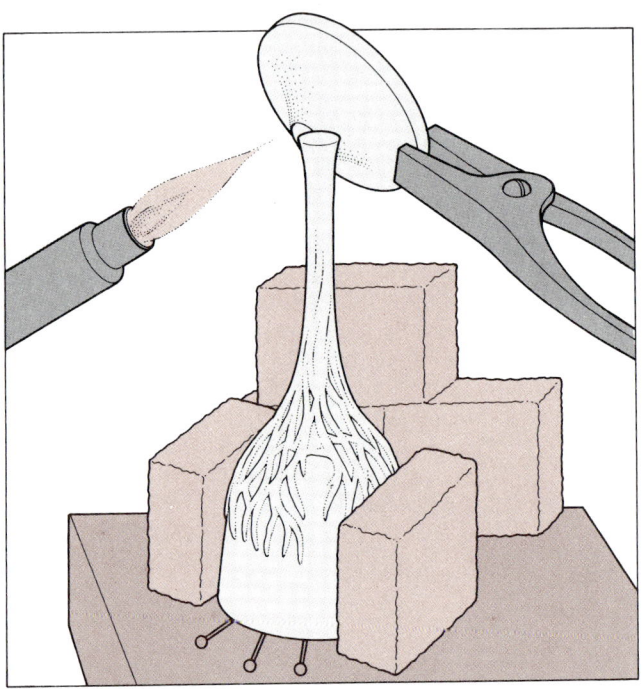

Lötnaht zwischen Stiel und Fuß erhitzen, dann Fuß mit einer Zange entfernen.

Reparieren des Fußes

Befestigen Sie den beschädigten Fuß auf der Halterung Ihrer Werkbank, und feilen Sie den Lötrest weg. Nun kann der Fuß mit einem Hammer und einem hölzernen Formblock sorgfältig in seine ursprüngliche Form gebracht werden. Verwenden Sie keine Metallwerkzeuge. Schneiden Sie die Umrißlinien des Fußes aus einem Stück Hartholz aus und halten es im Schraubstock fest, als Stütze für die Bodenplatte, während Sie an ihr arbeiten.

Reparatur des Fußes

1 *Halten Sie den Fuß am Bankhaken fest und feilen Sie die Kontaktfläche am Stiel ab.*

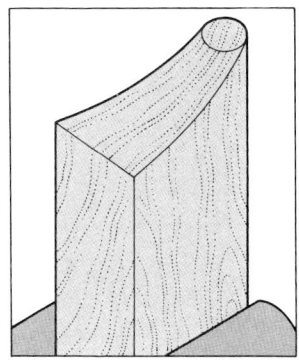

2 *Holzpflöcke halten den Fuß während der Reparatur.*

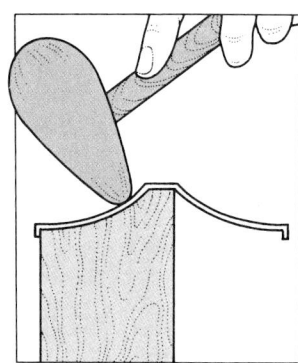

3 *Verzerrungen mit einem kleinen Hammer korrigieren.*

4 *Richten Sie die Kante an der Ecke eines Metallblocks mit einem Buchsbaumhammer aus.*

Reparieren des Stiels

Die Basis des Stiels muß mit einer Feile vom alten Lot befreit und gründlich gereinigt werden. Überprüfen Sie, ob der Stiel gerade ist. Wenn nicht, so muß jetzt die Reparatur vorgenommen werden. Halten Sie das Gefäß an der Schale, und legen Sie den Stiel auf eine Holzunterlage. Drehen Sie das Gefäß, und stellen Sie dabei fest, wie stark die Verbiegung ist. Drehen Sie weiter, und klopfen Sie mit einem Lederhammer ganz leicht auf den verbogenen Stiel. Wenn Sie fertig sind, können Sie mit dem Zusammensetzen des Gefäßes beginnen.

Mischen Sie frischen Feuerfleckhemmer ab, und bestreichen Sie damit das ganze Gefäß großzügig innen und außen. Dann abkühlen lassen. Kratzen Sie die beiden Flächen, wo Fuß und Stiel aufeinandertreffen, ab, und streichen Sie sie mit Flußmittel ein. Verwenden Sie einen extraleichten Grad Silberlot, das bei etwa 680–700° schmilzt. Das ist der niedrigste Schmelzpunkt für Silberlot, es sollte rasch eine Verbindung herstellen, bevor noch das Silberlot zwischen Schale und Stiel schmilzt.

Vorbereitung zum Löten

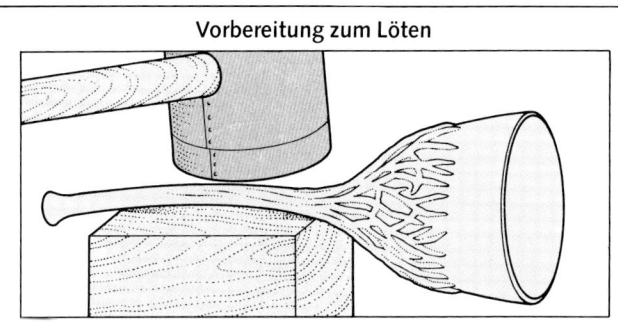

1 Der Stiel kann mit einem Hammer gerichtet werden. Legen Sie während der Arbeit daran den Stiel auf einen Holzblock.

2 Anti-Oxyd-Pulver mit Feile von der Kontaktfläche.

3 Flußmittel auf die beiden Kontaktflächen streichen.

Verdrahten

Eines der Hauptprobleme beim Löten ist, die Einzelteile so lange an ihrem Platz zu halten, bis die Lötnaht geschlossen ist. Für fast alle Stücke – nur für die kleinsten nicht – benutzt man dafür weichen Eisendraht (wie ihn Blumenbinder benützen). Dieser Draht ist fast ganz aus reinem Eisen und federt beinahe überhaupt nicht. Beim Erhitzen bewegt er sich nur minimal. Am besten verwendet man zwei kleine Stücke geschweißtes Streckmetall. Diese dienen als eine Art Beine, auf denen der Draht angebracht werden kann, und darüber hinaus wird das Werkstück dadurch von den Ziegeln abgehoben. So wird der Fluß schneller erhitzt, als wenn er flach auf den Ziegeln stünde. Der Bindedraht wird auf die richtige Länge zugeschnitten und an jedem Ende eine Schlaufe gemacht. Dann wird der Draht ungefähr in der Mitte noch einmal zu einer Schlaufe gedreht. Mit Hilfe einer Zange werden bei der Mittelschlaufe die Drähte fest gespannt. Das Maschengeflecht ist nun richtig plaziert, und die Drähte können nachgespannt werden. Achten Sie darauf, daß der Pokal aufrecht stehen bleibt und daß die Drähte nicht zu stark angezogen werden. Der Pokal soll zwar sicher gehalten werden, aber wenn die Drähte zu stark angezogen sind und sich beim Erhitzen ausdehnen, wird er beschädigt. Wenn Sie sich überzeugt haben, daß alles in Ordnung ist, kann mit dem Löten begonnen werden.

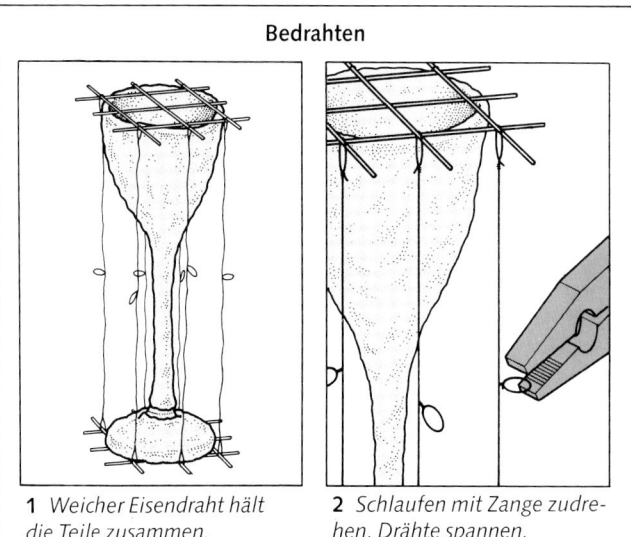

Bedrahten

1 *Weicher Eisendraht hält die Teile zusammen.*

2 *Schlaufen mit Zange zudrehen, Drähte spannen.*

Löten

Ordnen Sie das feuerfeste Material so um den Pokal an, daß es sich schnell erhitzt. Je schneller das Löten vor sich geht, desto besser.

Beginnen Sie mit kleiner Flamme, fahren Sie mit dem Brenner über das ganze Stück, so daß es sich langsam und gleichmäßig erwärmt. Unregelmäßiges Erhitzen kann das Stück verziehen. Beobachten Sie, wie das Flußmittel Blasen wirft, wenn die Feuchtigkeit abgetrieben wird, und vergewissern Sie sich, daß dadurch in der Nahtstelle nichts verschoben worden ist. Wenn alles in Ordnung ist, drehen Sie die Flamme stärker auf, und bringen Sie das Metall auf Löttemperatur. Am besten sollte das Löten bei ge-

Löten

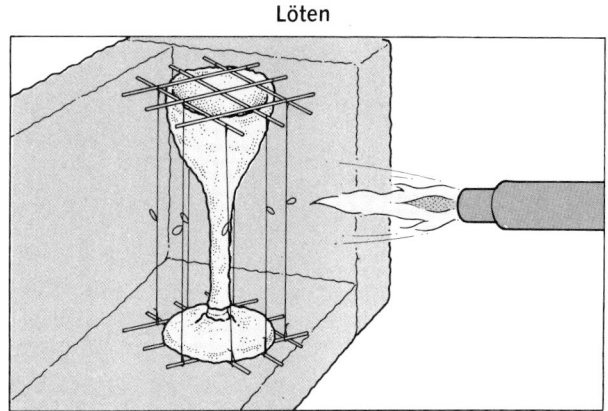

1 *Geben Sie um das Werkstück Ziegelstein, und heizen Sie das ganze Stück mit einem Gasbrenner auf.*

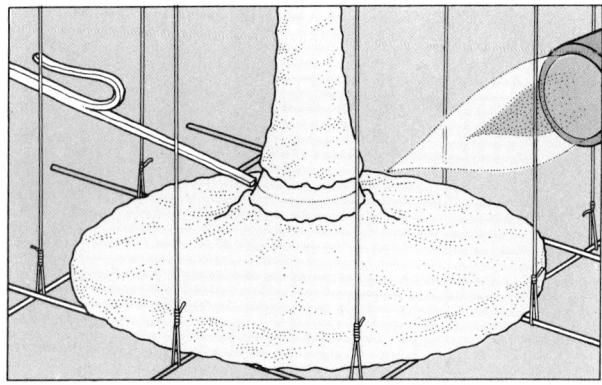

2 *Wenn das Flußmittel in die Nahtstelle fließt, führen Sie das Lot ein.*

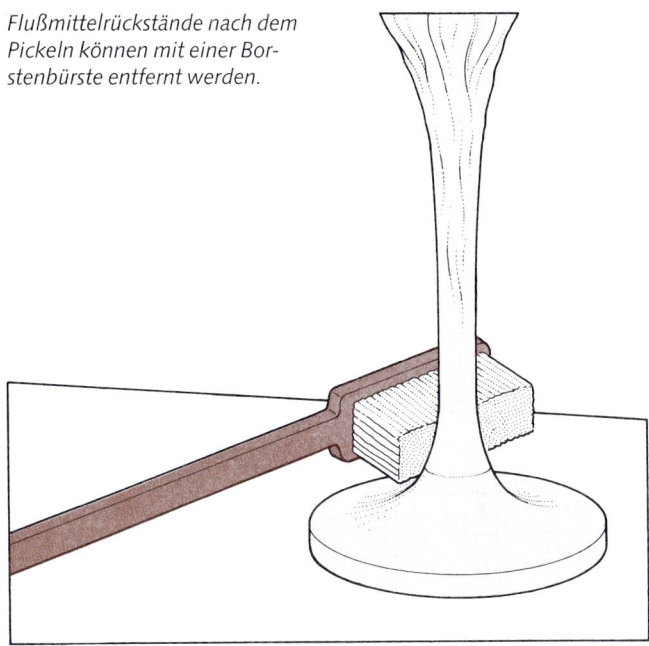

Flußmittelrückstände nach dem Pickeln können mit einer Borstenbürste entfernt werden.

dämpftem Licht vor sich gehen, damit man sehen kann, wie das Metall allmählich ein sehr mattes Dunkelrot annimmt. Nun beginnt auch das Flußmittel flüssig zu werden – ein Zeichen dafür, daß nun das Lot aufgetragen werden soll. Führen Sie den Lötstab in die Nahtstelle; das Lot wird sich als sehr heller Silberstreifen ganz rasch ausbreiten. Drehen Sie die Flamme sofort etwas zurück, aber nicht ganz ab, bevor Sie sich nicht überzeugt haben, daß das Lot überall hingeflossen ist. Kühlen Sie nun das Gefäß ab, und entfernen Sie alle Drähte. In sehr heißem Wasser waschen, dann in die Pickellösung legen, um etwaige Rückstände zu entfernen. Lassen Sie das Gefäß zehn Minuten im Wasser liegen, und waschen Sie es dann gründlich unter fließendem Wasser. Die Vollsilberteile bürsten Sie mit einer harten Bürste mit Messingborsten.

Polieren

Nun wird das Stück mit einem im Handel erhältlichen Poliertuch oder mit flüssigem Poliermittel behandelt. Probieren Sie das Mittel immer zuerst an einer leicht zu reinigenden Fläche aus; verwenden Sie keine Polituren, die einen dunklen Rückstand haben, da dieser sehr schwer aus Rillen und Fugen zu entfernen ist.

Projekt 4: *Kupferkessel, Dreifuß und Brenner*

Der Fuß und der Brenner

Die Formbarkeit von Kupfer – man kann dieses Metall in fast jede beliebige Form bringen – und seine enorme Hitzeleitfähigkeit sind der Grund dafür, daß Gegenstände wie dieser Teekessel daraus erzeugt sind.

Das Stück besteht aus vier Teilen: Zuerst einmal der Dreifuß, der die anderen Teile trägt. Er besteht aus einer perforierten Flußstahlplatte, die von gußeisernen C-förmigen Ranken gehalten wird. Der allgemeine Zustand des Werkstücks ist, wie auch auf einem Foto zu erkennen ist, gut bis ausgezeichnet, und eigentlich soll es nur gereinigt und endpoliert werden.

Im unteren Teil des Dreifußes befindet sich der Spiritusbrenner. Dieser Brenner besteht aus Kupfer und Messing. Außer einer leichten Beschädigung an der Oberfläche ist er in gutem Zustand. Der Brenner wurde maschinell hergestellt, ist aber von guter Qualität, weil er aus einem dicken Metallstück erzeugt wurde. Glücklicherweise hat der Brenner den Erzeugerstempel sowie mehrere Seriennummern am Fuß, wodurch das Stück sehr exakt datiert werden kann. Der Brenner muß lediglich gründlich gereinigt werden.

Die obere Platte

Der dritte Teil des Werkstücks liegt auf dem Dreifuß auf und ist quasi die Heizplatte für den Teekessel. Wenn der Brenner angezündet ist, würde die Hitze die Kupferplatte normalerweise verfärben, aber diese Platte hier ist doppelt isoliert. Kupfer ist nicht nur dekorativ, sondern hält auch Hitze sehr gut – deshalb die Verwendung in Lötkolben. Die Doppelisolierung verhindert das Verbiegen der Platte, weil die Hitze direkt einwirken kann.

Die Oberfläche der Platte wurde mittels eines Hammers mit konzentrisch angeordneten flachen Vertiefungen verziert. Das Hämmern dient nicht nur dekorativen Zwecken, sondern hat auch eine Reihe anderer Funktionen. Es härtet die Platte und verhindert Verziehen durch Hitzeeinwirkung. Unter dem Muster verschwinden auch eventuelle Oberflächenbeschädigungen, die durch Hin- und Herschieben des Kessels verursacht wurden. Drittens verhindert es durch die starke Oberflächenstruktur ein Herumtanzen des Kessels.

Die Platte ist an der Unterseite sehr schmutzig; man muß sie gründlich reinigen, um Oxyde und Fette zu entfernen; ansonsten zeigt sich kein größerer Schaden.

Der Kessel ist nicht nur mit kleinen Kratzern und Beulen bedeckt, sondern es gibt auch eine große Delle (oben), die vor der Reinigung und Politur entfernt werden muß.

Der Kessel

Der gereinigte und polierte Kessel.

Der Kessel besteht zum Großteil aus Kupfer und Kupferlegierung. Die einzelnen Teile sind maschinell erzeugt, außer dem Ausgießer, der mit der Hand geformt und umgeschlagen wurde.

Der Kesselgriff ist direkt am Kesselkörper angebracht und nicht isoliert, weshalb er beim Erhitzen sehr heiß wird. Manchmal hängen solche Teekessel in einer Art Korb, der zum Ausgießen nach unten geschwenkt wird. Das hier besprochene Stück hat keine solche Vorrichtung; es wurde für den Gebrauch und nicht als Dekorationsstück geplant, da die Innenfläche des Kessels stark verzinnt ist. Unser Hauptproblem ist der Kessel. In Anbetracht des Alters und des weichen Materials scheint der Zustand des Stücks gut zu sein. Es hat zwei große und eine kleine Delle auf einer Seite. Die eine Delle hat überdies noch Knicke. Der Schaden dürfte noch relativ frisch sein. Der Griff wurde an den Kessel angenietet und ist auf einer Seite locker geworden. Hier muß die Befestigung nachgezogen oder sogar ersetzt werden.

Der Boden des Kessels ist sehr wellig und sieht aus, als hätte man öfter draufgeschlagen, vielleicht um die durch die Hitze erzeugten Wellen zu entfernen. Bei dem hier verwendeten Brenner ist guter Oberflächenkontakt notwendig, um das Wasser relativ rasch zu erhitzen.

Entfernen der Dellen

Das Hauptproblem ist die ungünstige Lage der Dellen. Bei der Arbeit an den Waagschalen (s. S. 31) konnte man von innen und von außen an die Dellen heran. Hier geht das nicht. Diese Dellen kann man nur von innen entfernen, was eine besondere Technik voraussetzt, wie sie im folgenden beschrieben wird.

Es gibt zwei Möglichkeiten, Dellen aus einem umschlossenen Behälter zu entfernen: Die Wahl der Methode hängt vom Schwierigkeitsgrad der Arbeit ab.

Wie schwierig die Sache wirklich ist, kann erst entschieden werden, wenn man die Lage der Delle im Verhältnis zum übrigen Aussehen des Kessels begutachtet hat. Dellen, die nahe am Kesselboden oder am Rand sitzen, sind sicher schwierig zu entfernen, ebenso wie Dellen am Ausgießer oder um die Nahtstelle von Ausgießer und Körper. Überall dort reicht man mit Werkzeugen schwer hin.

Auch die Form der Delle ist von Bedeutung. Wenn die Delle überdies noch Knicke hat, dann ist die Entfernung besonders kompliziert.

Renoviert wird die Delle nicht mehr zu erkennen sein.

Das Bossiereisen

Wenn man die Delle nicht mit einem Hammer erreicht, muß man zu einem Bossiereisen greifen. Es besteht aus einem sich verjüngenden Eisenstück, das an beiden Enden gebogen ist. Das eine Ende hält man im Schraubstock fest, während man das andere Ende durch die Deckelöffnung führt, bis es die Innenseite der Delle berührt.

Der Werkzeugkopf soll poliert und so geformt sein, daß die Delle darauf bearbeitet werden kann. Wenn die Delle scharfkantig und schmal ist, müssen Sie den Kopf des Eisens so zufeilen, daß es nur eine kleine Schlagfläche hat. Diese soll ganz glatt sein, denn während es die Delle hinausdrückt, poliert es gleichzeitig ein wenig die verzinnte Innenfläche des Kessels.

Halten Sie das eine Ende des Bossiereisens im Schraubstock fest, und hängen Sie den Kessel an das andere Ende. Den Kessel drehen, bis der Bossierkopf mit der Delle in Kontakt ist. Halten Sie den Kessel so ruhig wie möglich; mit der freien Hand schlagen Sie mit einem alten Hammer oder einem Stück Hartholz auf den Arm des Bossiereisens. Dadurch wird das Bossiereisen sich biegen und hin und her springen und dabei auf die Innenseite des Kessels schlagen.

Es ist ganz wichtig, daß Sie den Kessel festhalten, da er sich sonst unkontrolliert bewegt und das Bossiereisen nicht auf die Delle einwirken kann. Wiederholen Sie diesen Vorgang so lange, bis Sie die Delle ein wenig über die Oberfläche des Kessels hinausgetrieben haben, so daß eher eine Ausbuchtung als eine Delle zu sehen ist.

Nun kann man die Ausbuchtung von außen wieder glätten. Legen Sie das Werkstück am Kopf des Bossiereisens auf, während Sie planieren. Man darf jedoch nicht vergessen, daß das Eisen vibriert, weshalb die Arbeit nicht ganz leicht ist.

Wenn Sie das Bossiereisen aus Metall nicht selbst herstellen können, machen Sie es aus federhartem Holz, ebenso auch den Planierblock.

Während man mit dem Bossiereisen wie oben beschrieben arbeitet, kann man ein Stück Hartholz an der Außenseite des Kessels gegen den Kontaktpunkt innen halten. Dadurch wird das Material nicht über die Oberflächenebene hinausgedrückt, und es muß nachher nicht soviel planiert werden. Bessere Ergebnisse erzielt man, wenn man statt Holz ein Stück poliertes Stahlblech nimmt, das erhöht die Politurqualität.

Das Planieren muß sehr sorgfältig geschehen – vermeiden Sie unter allen Umständen ein Dehnen des Materials und dadurch eine Ausbuchtung.

Verwendung des Bossiereisens

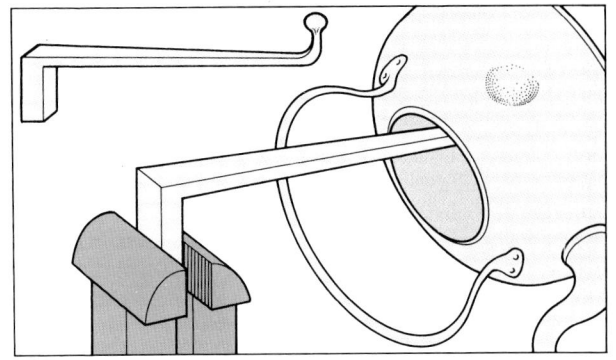

1 *Das Bossiereisen hat einen langen, elastischen Stiel. Positionieren Sie den Kessel auf dem Werkzeugkopf.*

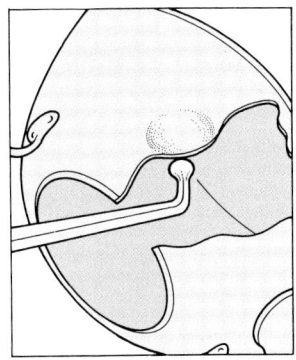

2 *Polierten Kopf des Pflocks unter die Delle halten.*

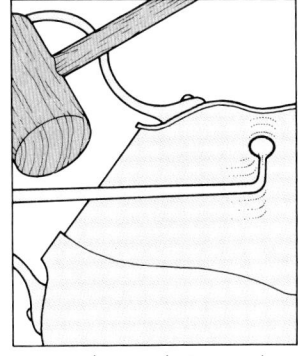

3 *Der vibrierende Eisenstab trifft die Delle.*

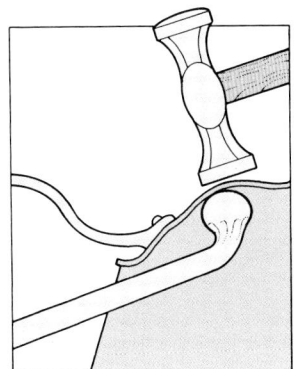

4 *Herausgedrücktes Material später glätten.*

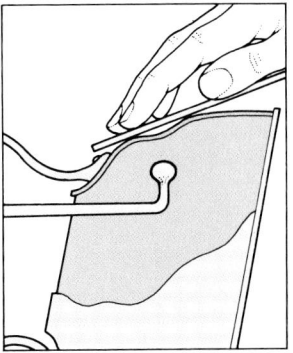

5 *Mit einer Stahlplatte müssen sie weniger aufziehen.*

Ebnen des Kesselbodens

Als nächstes sollte der Kesselboden in Angriff genommen werden, dessen Mängel Sie inzwischen schon genau begutachtet haben. Die vielen Beulen und Höcker sind zu entfernen, wobei das Haupt- problem darin besteht, an sie heranzukommen.

Obwohl diese Arbeit einfach aussieht, wird meist der Griff im Weg sein. Das Überschußmaterial in den Ausbuchtungen muß durch Dehnen des umgebenden Metalls weggearbeitet werden. Es ist zwecklos, einfach nur auf die Ausbuchtung zu hämmern, sie wird an einer anderen Stelle wieder auftauchen. Allerdings ist hier ohnedies nicht eine absolut ebene Fläche das Ziel, sondern ledig- lich das Entfernen unschöner Beulen und kleiner Erhebungen, um den bestmöglichen Kontakt zwischen Kesselboden und Platte zu erzielen.

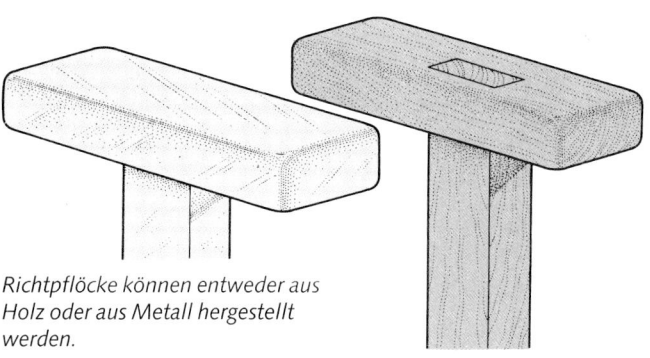

Richtpflöcke können entweder aus Holz oder aus Metall hergestellt werden.

Verwendung eines Pflocks

Bevor mit dem Hämmern begonnen wird, braucht man mehrere Pflöcke. Sie sind im Handel erhältlich, aber meist recht teuer, wenn man sie nur gelegentlich benötigt; man kann sich aber selbst welche herstellen. Die Pflöcke müssen T-förmig sein, wobei der Querbalken etwas aus der Mitte versetzt ist (siehe Zeichnung oben). Meist kann man einen Automechaniker oder einen Repara- turladen dazu bewegen, zwei Stück Abfallstahl aneinanderzu- schweißen.

Ein Pflock kann als letzter Ausweg aber auch aus Hartholz wie Buche oder Ahorn zugeschnitten werden. Die Verbindungsstelle muß jedoch sehr stabil gemacht werden, da das Stück viel Druck aushalten muß.

Spannen Sie den Pflock in den Schraubstock, und legen Sie den

Verwendung eines Pflocks

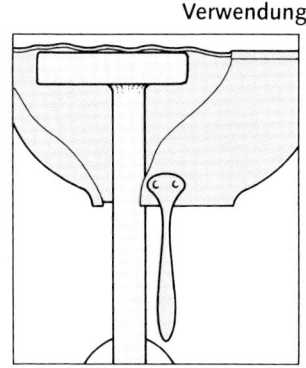

1 *Hängen Sie den Kessel vorsichtig auf den Pflock.*

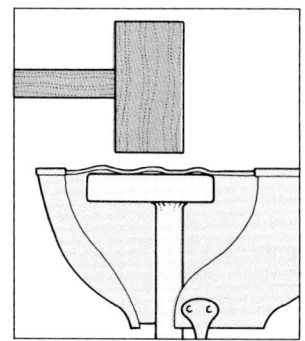

2 *Wellungen mit Hammer sanft flachdrücken.*

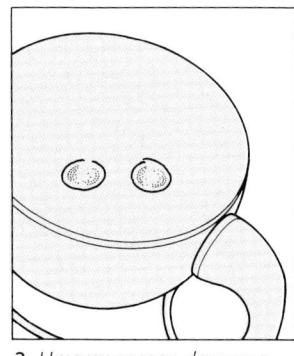

3 *Umgrenzungen der verzogenen Flächen markieren.*

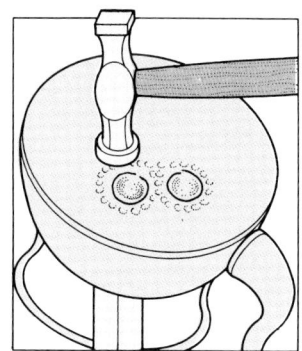

4 *Mit Schlichthammer vorsichtig Buckel flachdrücken.*

Kessel drauf. Nun klopfen Sie mit einem Hammer aus Buchsbaumholz oder Rohleder sorgfältig über den Boden des Kessels, um die Beulen einzuebnen. Vielleicht genügt das schon, um eine akzeptable Oberfläche zu erhalten. Wenn nicht, müssen Sie als nächsten Schritt die Hauptschäden finden und mit einem Filzschreiber markieren.

Beginnen Sie nun, mit dem Planierhammer oder einem passend geformten und polierten Ersatzhammer leicht um die markierten Flächen zu klopfen. Vergewissern Sie sich, daß die Fläche, die Sie abklopfen wollen, guten Halt auf dem Pflock hat, denn sonst richten Sie mehr Schaden an als Nutzen. Fahren Sie mit dem Planieren fort, bis die Ränder der Beulen flachgedehnt und die erhabenen Stellen verschwunden sind. Wenn Sie den Hammer oder das gleichwertige Werkzeug sorgfältig einsetzen, werden Sie Erfolg haben.

Scharfe Einbuchtungen

Kleine scharfe Einbuchtungen kann man meist mit hölzernen oder metallenen Zentrierstempeln und einem Hammer von der Innenseite her hinausdrücken. Plazieren Sie das Werkstück auf eine Platte, die unter Druck etwas nachgibt. Diese Platte kann aus Linoleum, Blei oder Holz sein, mit der Hirnseite oben. Halten Sie den Zentrierstempel genau über der zu bearbeitenden Oberfläche, und achten Sie darauf, daß Ihre Hand am Kesselrand gut abgestützt ist. Schlagen Sie rhythmisch auf den Zentrierstempel, und zwar mit kurzen, schnellen Schlägen, während Sie mit dem Werkzeug über die Fläche streichen. Schauen Sie dabei auf die Fläche um Ihr Arbeitsfeld und nicht auf das Ende des Zentrierstempels. Stimmen Sie die Wucht der Schläge laufend mit den Ergebnissen der vorangegangenen Schläge ab, und betätigen Sie das Schlaggerät eher aus dem Handgelenk heraus und nicht vom Arm aus. Man wird weniger müde und kann die Schläge viel besser dosieren. Nach einiger Praxis werden Sie sicher gute Resultate erzielen. Bei all diesen Arbeiten darf man nicht zu schnell die Geduld verlieren. Ein gutes Auge und eine ruhige Hand sind eine gute Voraussetzung.

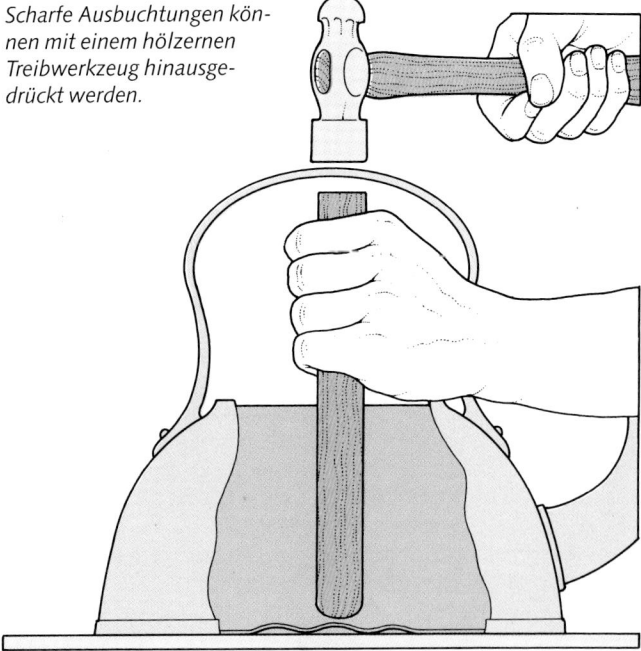

Scharfe Ausbuchtungen können mit einem hölzernen Treibwerkzeug hinausgedrückt werden.

Verwendung eines Drahts

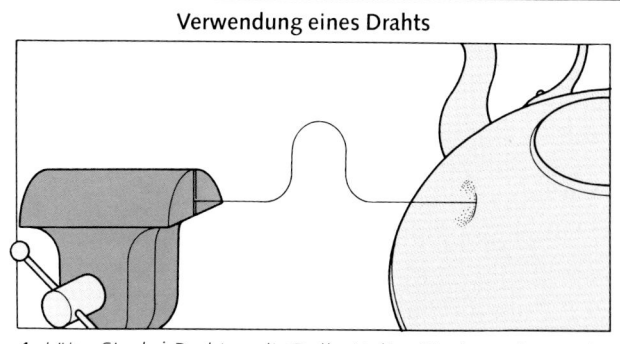

1 *Löten Sie den Draht an die Delle. Halten Sie das andere Ende des Drahts im Schraubstock, ruckartig ziehen.*

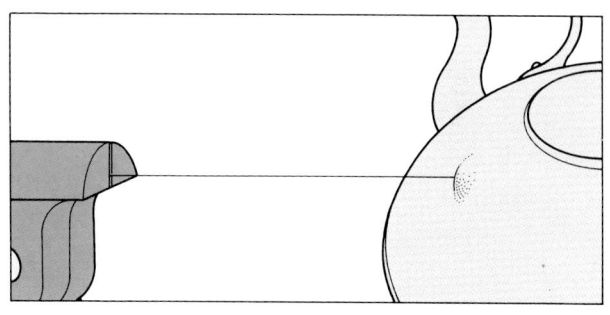

2 *Der Draht wird die Delle herausziehen. Der Vorgang wird möglicherweise wiederholt werden müssen.*

Verwendung eines Drahts

In schwierigen Fällen kann man zur Entfernung von Aus- oder Einbuchtungen auch noch eine andere Methode anwenden. Manchmal gelingt es einem vielleicht nicht, das Bossiereisen und die Ausbuchtung in Berührung miteinander zu bringen, wenn z. B. die Beule nahe am Kesselrand ist oder irgend etwas den Zugang erschwert. In einem solchen Fall wird an der Außenseite ein Draht in die Mitte der Ausbuchtung hartgelötet. Der Draht soll dabei im rechten Winkel zur Oberfläche des Werkstücks sein. Das lose Ende des Drahts spannen Sie fest in den Schraubstock ein, während Sie den Gegenstand, an den Sie den Draht anlöten, festhalten. Halten Sie den Kessel mit beiden Händen, und spannen Sie nun den Draht mit einem scharfen Ruck an. Dadurch wird die Beule in eine Ebene mit der Kesseloberfläche gezogen. Vielleicht müssen Sie den Vorgang einige Male wiederholen, bis Sie mit dem Ergebnis zufrieden sind. Dann wird der Draht entfernt und die Lötstelle mit Feilen gereinigt. Abschließend die Fläche auf ihre ursprüngliche Form planieren.

Planieren mit Luftdruck

Wenn man mit dem Planierstock nicht hinter eine beschädigte Fläche gelangen kann, dann machen Sie den Kessel luftdicht, indem Sie den Deckel fest schließen und die Löcher mit Pappe oder Band fest abschließen. Halten Sie nun den Kessel in der Beuge Ihres Arms fest, und planieren Sie ganz leicht unter Ausnutzung des Luftdrucks im Kesselinneren.

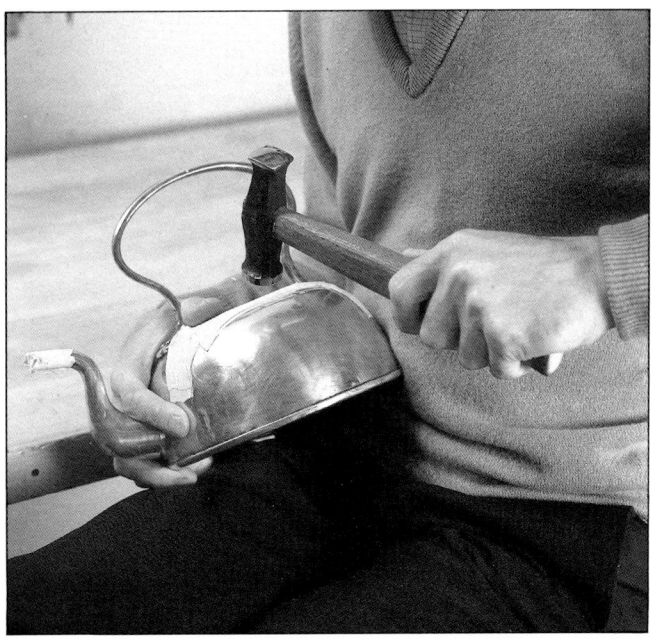

Ausgießer und Deckel abklopfen, den Kessel fest gegen Ihren Körper drücken, um die erhabenen Stellen zu glätten.

Der Griff

Der Griff des Kessels ist an einer Seite locker geworden und muß befestigt werden. Wenn die Niete nicht wieder sicher angezogen werden kann, muß man sie herausbohren und ersetzen. Das ist in unserem Fall kaum zu machen, denn die Niete wurde an der Innenseite des Kessels verzinnt. Sie wäre daher schwer zu entfernen, und natürlich müßte auch die neue Niete wieder an der Innenseite verzinnt werden. Da der Nietenkopf im Inneren fest sitzt, hat man eine gute Chance, die Niete an der Außenseite so auseinanderzutreiben, daß man den Griff wieder verwenden kann.

Legen Sie ein gebogenes Stück Metall, das den Kessel auf dem Nietenkopf im Inneren halten kann, in den Schraubstock. Halten

Festmachen des Griffs

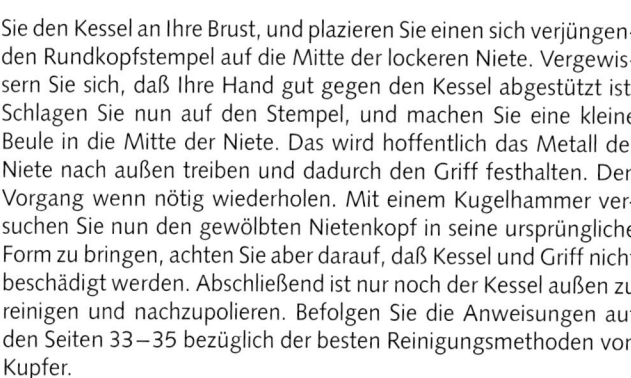

1 *Plazieren Sie den Nietenkopf fest auf den Pflock.*

2 *Mit Zentrierstempel auf
Nietenkopf schlagen.*

3 *Der sich ausdehnende Nietenkopf füllt den Spalt.*

4 *Mit Kugelhammer die
Wölbung wiederherstellen.*

Sie den Kessel an Ihre Brust, und plazieren Sie einen sich verjüngen-
den Rundkopfstempel auf die Mitte der lockeren Niete. Vergewis-
sern Sie sich, daß Ihre Hand gut gegen den Kessel abgestützt ist.
Schlagen Sie nun auf den Stempel, und machen Sie eine kleine
Beule in die Mitte der Niete. Das wird hoffentlich das Metall der
Niete nach außen treiben und dadurch den Griff festhalten. Den
Vorgang wenn nötig wiederholen. Mit einem Kugelhammer versuchen Sie nun den gewölbten Nietenkopf in seine ursprüngliche
Form zu bringen, achten Sie aber darauf, daß Kessel und Griff nicht
beschädigt werden. Abschließend ist nur noch der Kessel außen zu
reinigen und nachzupolieren. Befolgen Sie die Anweisungen auf
den Seiten 33−35 bezüglich der besten Reinigungsmethoden von
Kupfer.

Projekt 5: *Ein Perkussionsgewehr aus dem 19. Jahrhundert*

Restaurieren alter Waffen

Reparatur und Restauration einer alten Waffe bringen oft mehr Probleme als bei anderen Gegenständen. Hauptziel jeder Restaurierungsarbeit sollte die Wiederherstellung des ursprünglichen Zustands sein. Keinesfalls soll man irgendeinen Teil oder eine Verzierung hinzufügen, die am Original nicht vorhanden war.

Sammler werden mit dem Ausmaß der Reparaturen, die ein Amateur ausführen soll, vielleicht nicht einverstanden sein. Das handwerkliche Können des Restaurators wird natürlich bei der Entscheidung, was oder was nicht restauriert werden soll, eine große Rolle spielen. Bei einem Vorderladergewehr sollte man vor Arbeitsbeginn jedenfalls immer überprüfen, ob es nicht geladen ist. Es ist nicht ganz ungewöhnlich, daß man eine Waffe mit nicht entsicherter Ladung findet. Die einfachste Methode, dies zu überprüfen, ist, mit einem Holzpflock den Gewehrlauf hinunterzustoßen und die im Lauf erreichte Länge mit der Außenlänge des Laufs zu vergleichen.

Sollte noch eine Ladung im Lauf stecken, dann ziehen Sie diese vorsichtig heraus, und waschen Sie den Lauf mit warmem Wasser aus. Dann sorgfältig trocknen. Und versuchen Sie *niemals*, eine Muskete abzufeuern, selbst wenn sie restauriert ist.

Auseinandernehmen der Waffe

Die erste Arbeit ist das Auseinandernehmen der Waffe. Entfernen Sie zuerst das Schloß, indem Sie ein oder zwei Schrauben herausdrehen. Wenn das schwer geht, weil sie verrostet sind, halten Sie einen heißen Lötkolben einige Minuten an das Ende, dadurch werden sich die Schrauben lockern.

Zum Abnehmen des Laufs machen Sie die Fixierschraube in der Schloßhalterung und etwaige Metallbänder auf. An manchen Modellen finden sich auch Vorsteckbolzen, die den Lauf sichern.

Zum Entfernen des Abzugs nehmen Sie die Vorsteckstifte ab und drehen die Schrauben heraus. Wie bei vielen antiken Stücken wird durch das allzu intensive Reinigen oft mehr Schaden angerichtet. Erzeugerzeichen und Datierungen mit großer Sorgfalt behandeln.

An den Verbohrschrauben ist oft zu erkennen, ob das Stück in letzter Zeit repariert worden ist. Alte Schraubengewinde sehen ganz anders aus als ihre modernen Gegenstücke und sind meist viel gröber. Machen Sie sich während des Auseinandernehmens der Waffe laufend Notizen, damit Sie das Stück nachher wieder in der richtigen Reihenfolge zusammensetzen können.

Dieses Gewehr benötigt eine größere Reparatur (kleines Bild). Das Schloß wird in den teilweise restaurierten Stock eingebaut.

Zerlegen des Gewehrschlosses

Da das Schloß mehrere Federn hat, ist beim Zerlegen besondere Vorsicht nötig. Drehen Sie eine Schraube nie ganz auf, bevor Sie sich vergewissert haben, daß der Teil, den sie festhält, nicht davonspringen kann. Wenn Sie nicht ganz sicher sind, geben Sie das Schloß in einen Plastiksack und schrauben erst dann, quasi geschützt, die Schrauben auf. Dadurch können die Federn im Schloß nicht wegspringen.

Das hier abgebildete Gewehr ist in sehr schlechtem Zustand. Es wird auch nötig sein, alle möglichen Nachforschungen über diesen Vorderlader anzustellen, da er anscheinend aus mehreren Waffen zusammengebaut wurde; die einzelnen Teile von anderen Waffen wurden modifiziert und wieder zusammengefügt. Das Schloß entspricht dem einer Militärmuskete, dürfte aber aus Indien stammen. Möglicherweise sind einige Teile wie die Verschlußplatte noch original. Der Gewehrstock basiert auf einer europäischen Sportflinte, bei der die militärische Ausrüstung wie etwa der Abzugbügel den Bedürfnissen entsprechend angepaßt wurde. Um dieses Stück komplett zu restaurieren, mußte man große Reparaturen am Gewehrstock durchführen.

Da die Reparatur des Schlosses umfangreich sein wird, beschäftigt sich das nächste Unterkapitel mit speziellen Arbeiten, die man bei antiken Waffen eventuell vornehmen würde.

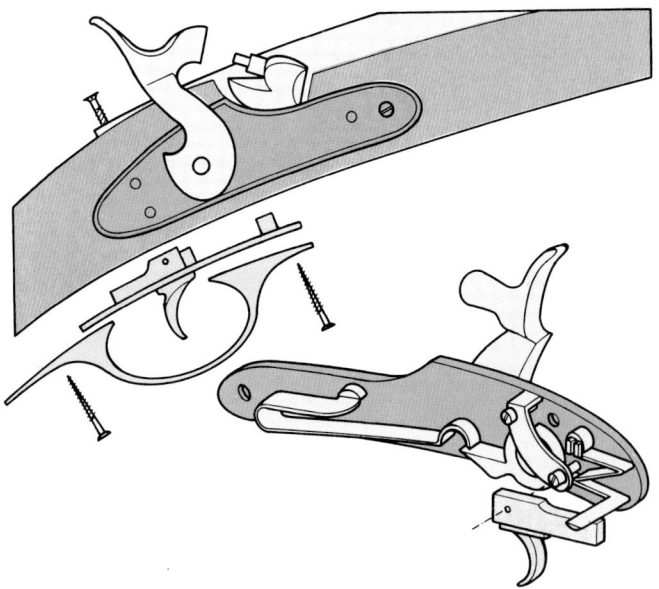

Um den ganzen Abzug zu entfernen, müssen zuerst die Schrauben herausgedreht werden, die den Abzugbügel halten.

Der Abzugsbügel

Das Ende des Bügels ist abgebrochen und kann durch Hartlöten eines neuen Stücks repariert werden. Das Hauptproblem besteht darin, den Bügel während des Lötens ruhig zu halten. Vielleicht wird es leichter sein, wenn das einzusetzende Teil größer bleibt, damit es sich bewegen kann.

Reinigen Sie beide Lötstellen, und vergewissern Sie sich, daß sie gut aufeinanderpassen und eben sind. Die Enden mit Flußmittel bestreichen, und beide Teile auf Ziegeln abstützen. Nicht direkt auf die Ziegeloberfläche legen, sondern auch V-förmig aufgebogene Splinte auflegen. Beide Teile erhitzen, den größeren Teil zuerst. Sobald das Flußmittel geschmolzen ist, das Lot auftragen, und zwar besser einen Lötstab verwenden als kleine Lötplättchen.

Wenn das Löten nicht sofort nach dem Erhitzen vorgenommen wird, kann das Lötmetall vom Lötplättchen fließen und die Haut oder Hülse zurücklassen. Jeder Versuch, weiter zu erhitzen, um auch die Hülse zum Schmelzen zu bringen, führt meist zu Überhitzung des Werkstücks und zu einem Spannungsabfall an der Lötstelle.

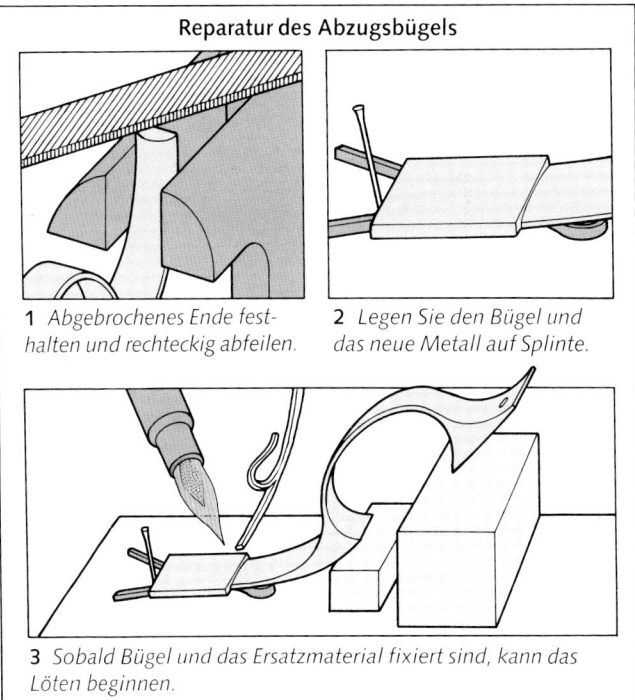

Reparatur des Abzugsbügels

1 *Abgebrochenes Ende festhalten und rechteckig abfeilen.*

2 *Legen Sie den Bügel und das neue Metall auf Splinte.*

3 *Sobald Bügel und das Ersatzmaterial fixiert sind, kann das Löten beginnen.*

Vollenden des Abzugsbügels

Nach dem Entfernen von Flußmittelrückständen und Oxydschichten kann der Bügel zurechtgefeilt werden. Wenn man die gebogene Form etwas verändern will, so legt man das Stück auf ein Stabeisen und klopft leicht mit dem Hammer darauf. Zum Glanzpolieren verwendet man Schmirgelpapier und Polierrot.

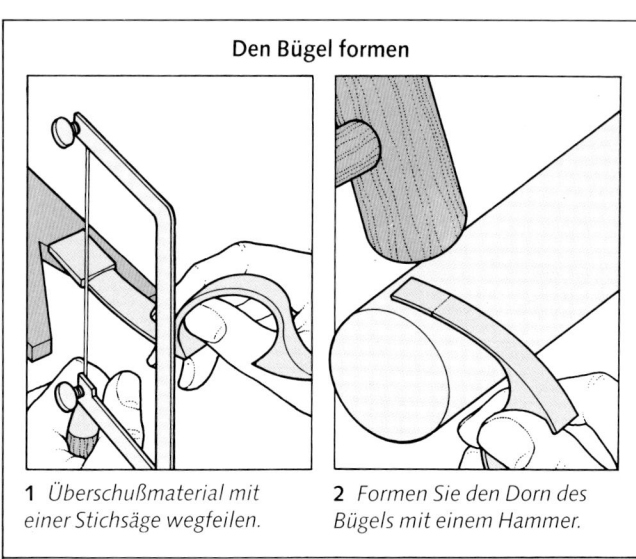

Den Bügel formen

1 *Überschußmaterial mit einer Stichsäge wegfeilen.*

2 *Formen Sie den Dorn des Bügels mit einem Hammer.*

Das Laufrohr

Ein altes Gewehr besteht aus vielen Einzelteilen, die Sie sich nach der Reihe vornehmen müssen, als nächstes den Lauf.

Der Lauf dieser Waffe ist sehr stark beschädigt, vor allem um den Nippel, was nicht wundern darf, denn diese Art Waffen korrodiert leicht. Der Nippel muß entfernt werden, nachdem er längere Zeit mit Schmieröl getränkt wurde. Selbst dann muß man mit großer Sorgfalt vorgehen, damit die Schraube nicht vom Bolzen gerissen wird.

Bevor man weiterarbeitet, muß der starke Rost am Lauf und am Laufrohr entfernt werden. Dazu verwendet man einen passenden Rostentferner. Vergewissern Sie sich, daß Mündung und Nippelloch verschlossen sind, bevor Sie den Entroster auftragen.

Weiteres Reinigen des Laufs geschieht mit Stahlwolle und Öl und wenn nötig mit Schmirgelleinen. Weil der Lauf so stark korrodiert ist, wäre es nicht klug, das Metall so stark zu polieren, daß es wieder seine ursprüngliche Bläue erreicht, da dafür sehr viel

Oberflächenmaterial abgenommen werden müßte. Es genügt, den Rost und das lockere Oberflächenmaterial zu entfernen und mit feiner Stahlwolle und Bienenwachs die Endpolitur vorzunehmen. Mit Bienenwachs erzielt man schönen Glanz.

Vor dem Polieren müssen jedoch auch noch die vielen größeren Dellen und Ausbuchtungen am Laufrohr entfernt werden. Verwenden Sie dazu einen am unteren Ende abgerundeten Stahlstab,

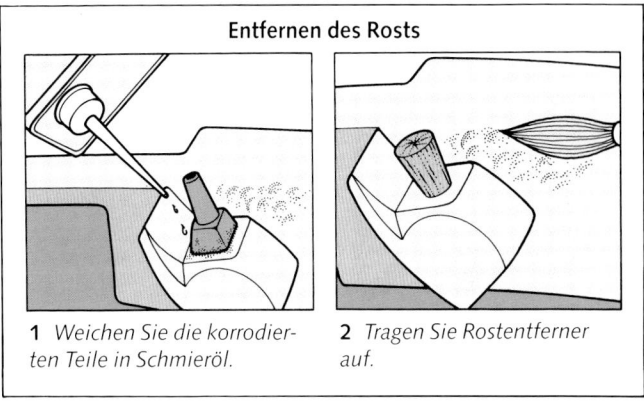

Entfernen des Rosts

1 *Weichen Sie die korrodierten Teile in Schmieröl.*

2 *Tragen Sie Rostentferner auf.*

dreiviertel die Länge des Rohrs und eine Spur kleiner im Durchmesser. Klopfen Sie damit das Laufrohr innen ab, und drücken Sie dabei die Dellen heraus. Verwenden Sie keinen Hammer dazu. Den Stab Stück für Stück in das Rohr hineinklopfen und wieder herausziehen, nachdem Sie vorher Schmieröl in die Bohrung eingeführt haben. Wenn die Rohrwände zuviel Widerstand leisten, müssen Sie sie vielleicht erhitzen.

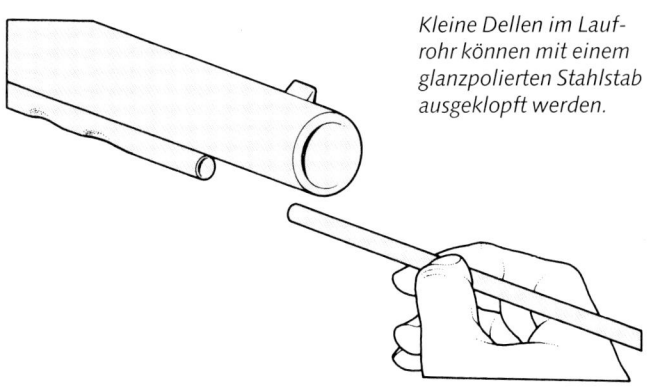

Kleine Dellen im Laufrohr können mit einem glanzpolierten Stahlstab ausgeklopft werden.

Erhitzen des Laufs

Spannen Sie den Lauf im Schraubstock ein, und erhitzen Sie mit einem Gasbrenner das Rohr an der Ausbuchtung. Da das Rohr vielleicht an den Lauf angelötet wurde, müssen Sie verhindern, daß das restliche Rohr heiß wird. Wickeln Sie nasse Bandagen darum. Sobald die Fläche um die Delle heiß genug ist, versuchen Sie den Stab durch leichtes Klopfen in das Rohr einzuführen. Arbeiten Sie rasch, denn das abkühlende Metall kann den Stab festhalten. Nach Entfernen der Dellen Lauf und Laufrohr glänzend polieren.

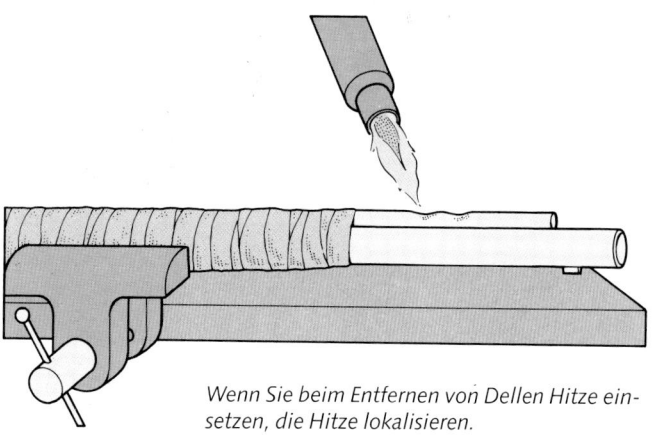

Wenn Sie beim Entfernen von Dellen Hitze einsetzen, die Hitze lokalisieren.

Der Hahn

Auch der Hahn auf diesem Schloß ist stark korrodiert. Die Hammerfinne ist fast zur Gänze zerfressen. Der untere Teil des Hahns ist stark abgenützt und hat fast keine Verzierungen mehr. Der Körper des Hahns wurde der Waffe angepaßt. Er wurde sehr dünn zugefeilt und zeigt nicht die volle, runde Form seiner Zeitgenossen. Das wurde sicher gemacht, um den Hahn an seinen Platz nieten zu können, statt ihn mit einer Schraube festzuhalten. Die Niete muß abgeschnitten werden, um den Hahn freizubekommen. Anschließend wird die Oberflächenkorrosion mechanisch oder chemisch entfernt.

Verwenden Sie ein Heimwerker-Lichtbogenschweißgerät, um Lötmaterial um Nase und Flanke des Hahns anzubringen. (Oder ersuchen Sie eine Werkstätte in Ihrer Nähe, es für Sie zu tun.) Dann feilen Sie den Überschuß weg, um das gewünschte Profil zu erhalten. Vielleicht müssen Sie diesen Arbeitsgang mehrmals wiederholen, um ein befriedigendes Ergebnis zu erzielen. Die Höhlung

Reparatur des Hahns

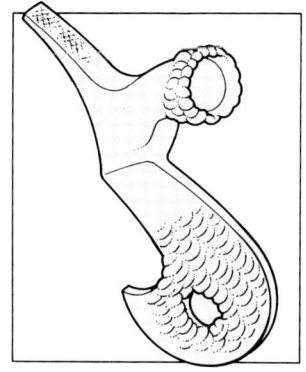

1 *Bauen Sie den Hahn um Kopf und Körper auf.*

2 *Neues Material durch Schweißen an Hahn fügen.*

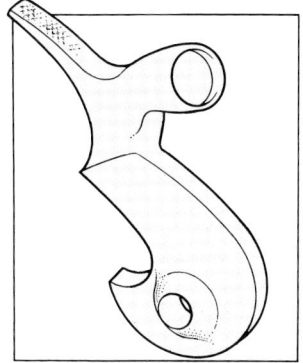
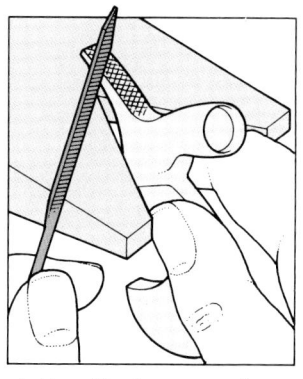

3 *Feilen Sie das neue Material zur richtigen Form zu.*

4 *Neue Verzierungen mit Nadelfeile einschneiden.*

des Nippels wird mit einem sehr flachen Bohrer ausgeräumt, der Boden des Lochs muß fast flach sein. Die Verzierung am unteren Hahnende kann mit einer Dreikant- oder einer scharfen Nadelfeile geschnitten werden. Es gibt im Handel eigene Feilen für diese Verzierungen, aber sie sind relativ teuer. Da der Hahn in derart schlechtem Zustand ist, sollte man verschiedene Hahnprofile studieren, bevor man das Musketenschloß zusammenbaut.

Das Schloß selbst muß gereinigt werden, um Korrosion zu entfernen, und die ineinandergreifenden Teile sind glänzend zu polieren. Aber denken Sie daran, daß es weit besser ist, wenn der gereinigte Gegenstand noch Zeichen seines Alters und seiner Geschichte trägt.

Bildnachweis

Der Verlag dankt folgenden Personen und Organisationen für die Mitarbeit bei der Produktion dieses Buches.
Jeder, den wir vergessen haben, möge es uns verzeihen.
Fotos: Jon Bouchier 4, 6, 8, 9, 10, 11, 13, 26, 32, 36, 46, 48, 56, 58, 59, 66, 68; The Bridgeman Art Library 7.
Illustrationen: Graham Bingham 15, 19, 20, 21; John Woodcock 28, 29, 30, 31, 33, 34, 35, 38, 39, 40, 41, 42, 43, 45, 49, 50, 51, 52, 53, 54, 55, 61, 62, 63, 64, 65, 67, 70, 71, 72, 73, 74, 75.
Werkzeuge und Material auf den Seiten 9–13 wurden von H. S. Walsh & Sons Ltd und Charles Cooper, Hatton Garden, zur Verfügung gestellt.